青 少 年 百 读 不 厌 的

陈云的故事

熊亮华　编著　CHEN YUN DE GUSHI

四川出版集团　天地出版社

图书在版编目（CIP）数据

陈云的故事／熊亮华编著. —3版. —成都：天地出版社，2012.7(2015.4重印)
（青少年百读不厌的领袖故事）
ISBN 978—7—5455—0667—9

Ⅰ.①陈… Ⅱ.①熊… Ⅲ.①陈云（1905~1995）—生平事迹—青年读物②陈云（1905~1995）—生平事迹—少年读物
Ⅳ.①K827=7

中国版本图书馆CIP数据核字（2012）第143164号

CHEN YUN DE GUSHI

陈云的故事

熊亮华　编著

天地无极　世界有我

出品人　罗文琦

责任编辑　漆秋香
封面设计　张　科等
内文设计　金娅丽
责任印制　桑　蓉

出版发行　四川出版集团·天地出版社
（成都市三洞桥路12号　邮政编码：610031）
网　　址　http://www.tiandiph.com
http://www.天地出版社.com
电子邮箱　tiandicbs@vip.163.com

印　　刷　北京旺鹏印刷有限公司
版　　次　2012年7月第三版
印　　次　2015年4月第五次印刷
规　　格　850mm×1168mm　1/32
印　　张　6.625
字　　数　164千
定　　价　13.50元
书　　号　ISBN 978-7-5455-0667-9

目 录

失学儿童

1905年6月13日，陈云出生在江苏省青浦县（今属上海市）练塘镇的一个农民家里。父亲陈梅堂以种田为生；母亲廖顺妹除操持家务外，还要做些针线活贴补家中的生计。家中没有田产，没有房产，十分贫困。更不幸的是，陈云的父母在他2岁和4岁的时候先后亡故。陈云和9岁的姐姐小小年纪就成了孤儿，过早地品尝到了人世的艰辛。

陈云的外婆可怜外孙，把他们领到家里，让他们的舅父廖文光收养。廖文光在镇上开裁缝铺为生，不久，因生意清淡又改为小酒店，但生意也不太好，家计艰难得很。但他还是省出钱来，在陈云8岁时，把他送入了练塘镇刘敏安私塾发蒙。两年后又送他到贻善小学读初小。

陈云很懂事，每天都帮助舅父母劈柴、烧火、洗菜、担水、打扫。做完家务后，别的小孩早就在外面玩开了，而陈云却默默地拿起书本温习功课。《三字经》《百家姓》《古文观止》，陈云从这些蒙书中急切地汲取最初的知识营养。

与同龄人相比，陈云也许显得过于成熟了。正是靠着这股钻研劲，陈云的成绩在学校一直名列前茅，并连年获得学校的奖励。

1917年春，刚念完初小的陈云失学了，因为舅父供不起。陈云只好放下心爱的书包，回到家里帮舅父打下手，一晃就是半年。

舅父也不忍心让陈云荒废了学业。家里稍微过得去一点了，他又送陈云到青浦县立乙种商业学校读书，想着让他将来能到商店里谋个账房先生之类的职位做。陈云学习很上心，很快就练就了一手好珠算，还学会了记账册。

但是家里实在穷，陈云只上了 1 个月的学就上不下去了，只好收拾书包回家。

幸而这时遇上了一个好心人。练塘镇公立颜安国民小学的第一任校长杜衡伯，是廖家小饭铺的一位常客。他注意到了常在灶前烧火的小陈云，就跟他交谈起来，发现陈云口齿伶俐，记忆力强，初小学的知识对答如流。这么聪明的孩子小小年纪没有上学，杜校长自然关心地问老板怎么回事。廖文光向他诉说了一番苦衷。爱才的杜衡伯得知陈云失学的原因后，非常同情，决定免费收陈云到颜安小学高小部学习。

秋天，陈云又背着书包，高高兴兴地上学去了。

在颜安小学，陈云不仅学到了知识，也初步受到了革命思潮的熏陶。那时候，中国处在半殖民地半封建社会，老百姓受到资本家、地主的残酷剥削，军阀们为了争夺地盘整天杀来杀去，民不聊生；帝国主义分子在中国耀武扬威，特别是日本趁袁世凯急于称帝之时，提出灭亡中国的“二十一条”，使中国先进的知识分子痛感民族危机深重，积极寻找救亡图存的道路。颜安小学的一些进步教师，也向学生们宣传、介绍时事，激发学生爱国、救民的感情。少年陈云被深深打动了。

1919 年，第一次世界大战结束后，战胜国在巴黎召开和会，中国也参加了，并在会上要求归还当年德国强占、又在“一战”中被日本夺走的中国山东省的主权。但这次和会实际是帝国主义的分赃会议，中国的正当要求竟然被拒绝了。消息传到国内，中国人民群情激愤，以学生游行、罢课为开端，开展了轰轰烈烈的“五四”爱国运动。这次运动也波及青浦小镇。商人们组织起来，抵抗日货，宣布罢市，通电声援学生运动；学校宣布停课，上街向人们宣讲国耻，声讨卖国贼。

颜安小学的师生积极投身于这次运动中。陈云与同学们在练塘附近的乡间游行，向人们揭露日本帝国主义的罪行，同时还组成童子军和救国十人团，以表演短剧、发表讲演等方式向人们进行生动的宣传。

陈云参加了演出短剧《叶名琛》。短剧的主角叶名琛，是清末两广总督。1857 年第二次鸦片战争中，英法联军进攻广州，他既不领兵抵抗，也不敢弃城出逃。敌人都打到衙门口了，他还在与手下扶乩请仙问吉凶祸福，荒唐至极。结果当了敌人的俘虏，被押到印度，受尽污辱，最后死在那里，尸骨不得还乡。这出戏以叶名琛的下场告诫人们，对帝国主义的侵略，不反抗就是死路一条。

陈云表演的时候很入戏，有次演到表现帝国主义侵略罪恶的时候，义愤填膺，脚使劲向地下一顿，手在桌子上猛一拍，把桌上的茶壶都给碰翻了。

命运之神总是那么残酷。虽说陈云的学习成绩非常好，但舅父家里的日子实在过不下去。陈云读完高等小学后，无力升学，艰难的求学路就这么中断了。

后来，陈云填写履历表的时候，文化程度这一栏中，他一直填的是：“小学”。

听“英烈”

评弹是江苏、浙江、上海一带流行的一种文艺形式。陈云终生有一个爱好，就是听评弹。他说自己是听“英烈”出身的，不知道的人还以为他爱听书场常讲的“大明英烈传”呢。

其实呢，这个“英烈”是“阴立”的谐音，那时候有些穷人，花不起钱，又想听说书，就想办法混进说书的场子，找个背阴的地方站着听，这就叫听“阴立”，也叫听“戳壁书”，自己调侃一下，就称为听“英烈”了。

陈云老家练塘镇位于上海西郊，离上海市区只有 50 多公里地。这里算得上鱼米之乡，镇上还有碾米厂、油坊、槽坊，甚至还有一家发电厂，水路交通十分便利，上海、杭州等地的贩米船只经常在镇上往来停泊。每到米市高峰之时，小镇便显出一派热闹的景象。经济的繁荣给小镇带来了兴隆的文化，丝竹管弦，笙歌小调，很有江南韵味。

镇上也开了几家书场。陈云的舅父爱听书，时不时也带小陈云去听回评弹，陈云也迷上了。家里穷进不起书场，只好想方设法听“英烈”。这大概是陈云少年时候为数不多的愉快享受了。

书场里演出的大都是一些传统书目，像《水浒传》和《三国演义》之类，草莽好汉杀富济贫、匡扶正义，乱世英雄艰苦创业，好人历尽磨难艰辛得偿宿愿，坏人一时得志终遭报应。人间悲喜浓缩在这方寸书场，让听客们如醉如痴。陈云在这里既获得了真正的艺术享受，又满足了强烈的求知欲，增长了见识。

爱动脑筋的小学徒

陈云学习成绩优秀，只是因为家里穷失了学，他在颜安小学的老师张行恭深感惋惜。张老师的弟弟在上海著名的商务印书馆工作，他就通过这个关系把陈云推荐去那里当了个学徒。

年仅14岁的陈云离开了家乡小镇，来到了号称“十里洋场”的大上海。刚去的时候，他在发行所门市文具柜台当练习生，人长得又瘦又小，个子还没有柜台高。为了卖货方便，陈云就在柜台后边放了条凳子，站在上面给顾客取东西。

上海当时是中国最大的工商业城市，远东地区的金融中心，经济活动丰富多样。陈云人虽然小，但对周围的事情很留心，爱动脑筋。比如，顾客来买东西的时候，要是发现这里的价钱与总店一样的时候，就会跑到总店去买，这实际上是讲牌子、看信誉。银行给工厂、商店贷款，生意好的时候，银行会热情地跑来服务，生意差了就上门催款还贷，实际上是追逐高额利润。这些知识和经验，对后来陈云领导经济工作很有帮助。

那时候当学徒是很苦的，收入少不说，活还特别多特别累。商务印书馆发行所的营业时间从早晨8点到晚上8点，长达12个小时，一天工作下来，每个人都疲惫不堪，只想早点躺下休息。再说，上海这样的大都市非常繁华、热闹，各种诱惑特别多，很多年轻人都沉迷于那种纸醉金迷的生活，虚度光阴。

陈云表现了很坚强的意志力。他不管多忙、多累，每天都是天不亮就起床读书、习字，下班后还去补习班学习中文和英文。

商务印书馆是那时国内最大的一家文化教育出版机构，而上海当时又是各种社会思潮交汇、竞逐的地方。陈云利用这里的有利条件，如饥似渴地阅读了大量书籍，增长了知识和才干。就是在商务印书馆，陈云接受了共产主义思想，走上了革命道路。

1921 年中国共产党成立以后，积极领导工人运动。上海是旧中国资本主义工商业最发达的地方，阶级斗争也最激烈。1925 年 5 月 30 日，租界里的英国巡捕向举行示威的中国群众开枪，打死打伤多人，激起了中国人民的极大愤怒。全国各地迅即开展了大规模的反帝爱国运动。陈云积极参加了这次斗争。

这时，进步同事引导陈云来到上海通讯图书馆。这是一个友人读书团体，秘密给读者推介共产党的书刊，并请共产党员作报告。在这里，陈云阅读了《马克思主义浅说》《资本制度浅说》等介绍马列主义和十月革命的书籍。他从中找到了真理，确立了共产主义理想。

此后，陈云更积极、主动地参加了工人运动。1925 年下半年，他参加领导了商务印书馆的罢工斗争，年仅 20 岁的他还当选为罢工委员会的委员长。罢工胜利后，他加入了中国共产党。

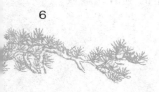

给农民朋友讲故事

1927 年，轰轰烈烈的大革命失败了，国民党反动派大肆屠杀共产党人，血流成河。但是，中国共产党人没有屈服，奋起武装反抗蒋介石国民党。这时候，陈云受党组织的派遣，回到乡下去，发动并组织农民起义。

农民对这位城里来的先生很热情，给他安排吃住。到了晚上，他就给房东和邻居的乡亲们讲故事。由于他的故事讲得通俗生动，绘声绘色，吸引了越来越多的听众。那时候乡下没有电，晚上照明要点油灯，大家就轮流负责，今天用了这家的油，明天就用另外一家的油。

一开始，陈云给大家讲《三国》《水浒》《七侠五义》这些历史演义故事，大家听得津津有味。慢慢地，陈云就讲到了农民的切身问题，地主剥削，官府压迫，一点点地启发大家。人们越听越入神。有时陈云看看表已经到半夜 12 点了，就说，时间不早了，都回去睡觉吧！可是谁也不肯走，都央求说，不行，你还是再讲一会儿吧。

陈云就给大家说："各位乡亲，今年的苗情比去年好，这是好事。但是丰收了，种田人是不是好过呢？俗话说，荒年借'当头'，年年吃苦头。几百年来农民都是这样苦过来的，什么时候才能好过呢？我看只有推倒我们头上的'租米、高利贷'这两块石头，才会有好日子过。"说得大家都点头。

通过这种方法，陈云启发了大家的觉悟。不久，在农村建立了党支部，恢复重建了农民协会，抗捐、抗税和武装起义都开展起来。

虎穴巧周旋

1931 年 4 月，中共中央特科负责人，兼任中央特科第三科（行动科）科长顾顺章在汉口被捕叛变。由于顾顺章长期负责党中央的保卫工作，掌握党的许多重要机密，了解只有极少数人才知道的中共中央机关和许多中央领导人的住址，也熟悉党的各种秘密工作方法，因此，顾的叛变对中共中央领导机关的安全造成极大威胁。幸而隐蔽在国民党特务机关的地下党员钱壮飞截获敌人的绝密电报后，派自己的女婿刘杞夫连夜乘特快列车从南京赶赴上海向党中央报告。江苏省委负责人陈云协助周恩来连夜组织中共中央、江苏省委和共产国际远东局等机关全部安全转移，国民党企图一举破坏中共中央领导机关的阴谋未能得逞。但顾顺章的叛变，还是给中央特科的工作带来了灾难性的影响。顾顺章熟知的许多秘密机关、人员、方法都不能够再用了，工作一度陷入停顿。几年来克服重重困难，在敌人内部逐渐建立起的特情组织，部分遭到破坏。中央特别委员会不得不进行改组，陈云出任中央特科负责人（化名李介生，党内均称“先生”，也称“新新公司”书记）兼第一科科长。

陈云在这种非常时刻主持中央特科，处变不惊。陈云在上海活动多年，认识他的人很多。其中一些人叛变后，整天带着特务搜捕认识的共产党员，他的处境极其危险。但他沉着应付，以过人的机敏坚持了下来。主持特科后，他迅速使特科重新发挥了令敌人胆寒的威力。

从1931年5月至1932年3月陈云调离中央特科期间，中央特科主要进行了以下工作：

（一）处理由于向忠发被捕叛变而进行的中央机关的再次转移。1931年6月下旬，中共中央总书记向忠发被捕叛变，使中共中央机关再次处于极度危险之中。幸而中央特科通过关系及时得到消息，立即组织转移，再次避免了大破坏的噩运。

（二）调整内部组织，撤销了负责中央与各革命根据地通讯联络的第四科，将电台工作移交中央秘书处，其余3个科进行了精简缩编。陈云兼任负责总务的第一科科长，潘汉年兼任负责警报、情报工作的第二科科长，康生兼任打击叛徒、奸细的第三科（又称“红队”）科长。

（三）安排因顾顺章叛变而暴露面目的特科人员撤离上海，如李克农、钱壮飞、胡底去中央苏区，陈赓、陈养山去天津，李强去莫斯科。

（四）利用各种社会关系，恢复中央特科因顾顺章叛变而停顿下来的一些工作，特别是警报工作，发展了一批新的情报关系，在法捕房、英捕房、国民党上海市党部、上海警备司令部等处都建立了内线联系人。如陈云派一位商务印书馆的同事打入英巡捕房政治部，派同乡沈寿亚打入国民党上海市党部组织部，派章秋阳打入金融界，派徐强打入国民党军队等。

（五）继续惩处叛徒，如镇压了专门破坏共产党组织的上海警备司令部督察处长王斌、处决了叛变的原中央特科人员王世德等。

（六）解决顾顺章叛变后的其他遗留问题。

陈云担任中央特科负责人期间，除了4个科密切配合，协同行动外，还有两个重要的掩护机构协助工作。一个叫新生印刷所，它既负责秘密印制党内机密文件，又是上海党的一个秘密联络中心。另一个叫裕大南货店，负责党的地下活动经费的收入和支出。曾在这两个党的地下活动机关工作过的李伟基老人回忆说：陈云同志有着丰富的地下工作经验，他胆量大，又很机警，对一个人可靠不可靠，有超人的辨别力。因此，由他布置的工作，极少出事。李老回忆了这样几件事：

——有一次，党的负责人决定在新生印刷所召开重要会议。在当时上海险恶的环境下，举行这样一个会议是很不容易的。为了不引起敌人注意，保证到会的人的安全，陈云想了个办法，他们在门口贴了张出租房屋的广告，参加会议的人都以看房子为名来到印刷所，等人到齐了，再把广告撕下来。结果会议开得很安全。

——陈云在地下活动中，很注意利用敌人的弱点。一次，一位重要的同志被关进捕房，但身分未暴露。当时，党组织有要紧的工作与他联系。陈云决定亲自去捕房与那位同志接触。特科的其他同志都为他的安全担忧，陈云却胸有成竹。他巧作安排，用钱打通了捕房的关系，顺利地见到了那位同志，完成了任务。事后他对同志们说："在资本主义社会中，钱的作用不可小觑，应该善于利用资本主义社会的弊病……只要把钱花得恰当，我们在敌人堡垒里进出是完全可能的。"

——陈云在地下活动中，还很注意利用敌人之间的矛盾，为我所用。裕大南货店开张时，陈云估计到会有一批流氓来讨所谓的"喜钱"（开门钱），如果不打发他们，那么在开张的头 3 天里，大小流氓就会强赊硬买，买下东西不付钱。于是，他花了 40 元钱，买通了捕房的包打听。结果开张那天，大包打听派了两个小包探，带着手枪在店门口"保护"了两天，使得大小流氓都以为这家老板有"后台"，一个也没敢上门。陈云花了这 40 元钱，不仅使南货店顺利开张，而且对以后开展工作，也提供了一定的便利。

就这样，陈云凭着自己的胆量和智慧，怀着对党、对无产阶级解放事业的赤胆忠心，在军警遍布、白色恐怖森严的上海滩，为保卫中共中央和党组织的安全，打击敌人的阴谋破坏活动，出色地指挥了一次又一次战斗，为党作出了应有的贡献。

与鲁迅的会见

鲁迅先生是伟大的无产阶级文学家，他用小说和杂文控诉旧社会的黑暗，对苦难深重的人民群众寄予了无限的同情，因此深受人们的爱戴。陈云对鲁迅先生的感情深厚，一生都非常喜读鲁迅先生的作品。他有幸见到过鲁迅先生。

那还是在上海搞地下工作的时候。1932 年底的一个深夜，大约晚上 11 点左右，陈云坐着一辆黄包车，把戴在头上的帽子挪低到眉毛以下，把从上海吴淞路买来的一件旧大衣的领头翻起挡住脸颊，沿着曲曲弯弯的小路到了上海北四川路的一路电车掉头的地方。

下了黄包车，付过车费后，陈云警惕地扫视了四周，确定没有被“盯梢”后，就迅速闪身进了沿街的一座三层楼住宅的大门。上到三楼，来到右首边的房门口。这里，就是鲁迅先生的住所，门上有约定好的记号。

陈云轻轻地扣了两下门。女主人打开了门，陈云问道：“周先生（鲁迅原名周树人）在家吗？我是 × 先生要我来，与 × 先生会面的。”女主人很客气地把他让进屋去。

陈云到鲁迅先生的寓所，是去将隐蔽在那里的瞿秋白夫妇转移到安全地带去。瞿秋白是中共中央的重要领导人，曾经主持过中央的工作。大革命失败后，白色恐怖笼罩上海。中共临时中央不得不把一些重要的党员干部，秘密转移出上海。瞿秋白因为病重，被党组织安排在鲁迅先生家中，隐蔽了几个月。

但是，鲁迅先生也是国民党反动派的眼中钉，自身处境也很危险。组织上派陈云去将瞿秋白夫妇转移。

陈云进去一看，瞿秋白夫妇已经将简单的行李准备好了，他就准备出去叫一辆黄包车。鲁迅先生叫住他，庄重而关心地说："不用你去，我叫别人去叫黄包车。"说着，就招呼女主人去叫黄包车。

借此机会，瞿秋白给鲁迅和陈云相互介绍了一番。陈云尊敬地对鲁迅先生说："久仰得很！"这是陈云第一次见鲁迅先生。只见他 50 多岁，穿着一件旧的灰布的棉袍子，庄重而带着忧虑的脸色表现出非常关心的样子，担心瞿秋白、杨之华和陈云在路上被侦探、巡捕捉了去。

鲁迅问陈云："深晚路上方便吗？"陈云安慰他说："正好天已下雨，我们把黄包车的篷子撑起，路上不妨事。"

车子叫来了。陈云他们准备动身。鲁迅先生关切地对瞿秋白说："今晚你平安到达那里以后，明天叫××来告我一声，免得我担心。"瞿秋白答应了。陈云和瞿秋白、杨之华走出鲁迅房子下楼去，鲁迅和女主人在门口连连地说："好走。"

下楼后，陈云回头望望，鲁迅和女主人还在门口目送他们，庄重而带着忧愁的脸上，看得出他们在为客人的安全担心。

后来，陈云也离开上海去了苏区，再也没有见到鲁迅先生。1936 年鲁迅先生去世了，陈云那时正在苏联列宁学院学习，从报纸上得到消息，极其悲伤。感念这位不屈的革命文艺战士，爱护革命志士的党的最好的朋友，一周后，他将这段经历写出来，题为《一个深晚》。后来以史平的化名，发表在中国共产党在巴黎创办的杂志《救国时报上》。在这篇悼念文章中，陈云深情地写道："鲁迅的'坚决，不妥协的反抗'的精神，永远遗留在我们中国青年的思想里，将领着他们走上解放中华民族与解放劳动大众的光明大道。鲁迅虽死，鲁迅的精神不死。"

收留毛泽覃

1933 年初，陈云离开上海，来到中央苏区，负责工会和白区工作。这期间，他对当时统治党内的王明“左”倾机会主义路线进行了抵制，保护了一些干部，毛泽覃就是其中的一个。

那时，以毛泽东为首的正确路线受到压制，毛泽覃因为是毛泽东的弟弟，也受到牵连。他本来在永吉泰中心县任县委书记，和邓小平等人一起抵制王明路线的错误做法，遭到批判，被撤销职务。坐了一阵冷板凳后，他被派去做扩大红军的工作，结果他超额完成了任务，一时间很受夸奖，并被派到福建和江西边界的游击区去任职。

在那里，毛泽覃仍然坚持实事求是的工作方法，对党内的一些不符合实际的错误做法表示不同意见，引起一些人的不满。正好这时候他负责的扩大红军的工作遇到困难，于是那些人趁机把他拉下马。

组织部门给毛泽覃重新安排工作的时候，送到哪里，都没有人要，搞得毛泽覃连饭都快吃不上了。陈云看不下去，就找到组织部门说：他们都不要他，那我要。毛泽覃写得一手好字，而且政治经验非常丰富，在陈云这里干得很好。红军长征退出江西后，他留在当地坚持斗争，后来在一次战斗中英勇牺牲了。

最早向世界宣传长征的人

“年来蒋委员长亲身督剿，步步筑碉，满拟一鼓歼灭之，不料朱毛早见及此，于去年十月中突围西走，由湘粤边而入黔，逗留于黔川滇三省一个时期，最后竟冒险突过金沙江、大渡河（金沙江为长江上游，大渡河为长江上游支流，两河均河宽水急）而入川，与川北徐向前会合。”

1936 年 3 月，中国共产党主办的巴黎《全民月刊》上发表了一篇名为《随军西行见闻录》的文章，以上就是其中描写红军长征（即文中的“突围西走”）的一段文字。

文章作者署名“廉臣”，自称是被红军俘虏的“南京军”（即国民党军）军医，被红军收用后随军长征，在四川西部寻机离队返乡。这位“廉臣”以一个亲历者的身份，讲述了当时鲜为人知的红军长征的情况，引起了人们极大的兴趣。

中共刊物，怎么会发表国民党军医写的东西？这个名叫“廉臣”的人，到底何许人也？几十年后，1985 年 1 月中共中央刊物《红旗》公开发表此文，并揭开了作者之谜，因为署名写的是：“陈云”。

陈云亲身参加了红一方面军的长征，曾任红五军团中央代表、遵义城防司令部政委等职，在遵义会议上积极支持毛泽东的正确主张。1935 年 6 月长征到四川懋功时奉命离开长征队伍，前往上海恢复遭到严重破坏的白区工作，后赴苏联参加共产国际第七次代表大会，向共产国际汇报了红军长征的第一手情况。

1935 年秋，陈云在莫斯科撰写《随军西行见闻录》。为便于在国民党统治区流传，这篇文章陈云用廉臣的笔名，假托一个 1933 年 3 月第四次反“围剿”时被红军俘虏的国民党军随军医生身份写的，全文共 3 万字。

文章生动地描写了红军突破国民党军的四道封锁线，穿越老山界、四渡赤水、巧渡金沙江等艰苦卓绝的英勇事迹，揭穿了国民党说红军长征是“逃窜”的谎言，赞扬了共产党员、共青团员吃苦在前、冲锋在前的模范带头作用以及官兵平等、军民一家的人民军队作风。

过了湘江，一道险峻的山脉横亘在红军的去路上，这就是广西、湖南、贵州交界处的越城岭，当地称为“老山界”。红五军团在老山界一带仗打得很激烈，过老山界给陈云留下了深刻的印象，他在《随军西行见闻录》中对经过作了这样极为生动的描述：

“我在第六连的先头走，简直是走一步停一下，走一步停一下。天气又冷，风又大，山又高，山下的泉水的流声如万马奔腾。人又疲倦，可是不敢合眼，因为路太狭了，只有一海关尺阔的路。有一个看护生在行军时，因为天黑未找火把，再加上睡眼蒙眬地走着，忽然一失足滚入水沟里去了。当时就命传令兵执了火把，慢慢地拉住树根攀到水沟里，可是那个看护生已经跌得不只满身泥水，而且不能言语了。”

“实在太疲倦了，不管地下是湿是干的，大家就横七竖八地倒在地下把被单往身上一盖就睡。人生再没有比这个时候、这个地方睡得舒服的，不要两分钟已经鼻息呼呼地入睡乡了。”

“老山界这个山高得非常使人发急，到了一个山顶，见前面只有一个高峰了，不料上了那个高峰，前面还有一个高峰。

这样一个又一个地爬着高山，大家不停喘气和汗流浃背。正在这个时候，忽听见隐隐有留声机的声音，正唱着：‘骂一声毛延寿你卖国的奸贼……’一张片子唱完，又听见一阵歌声：‘同志们快起来拿刀枪，我们是人民的武装，要打倒帝国主义国民党……’原来是政治部的宣传队正摆着宣传，为鼓励行军、提起部队的精神，使之忘却行军之疲劳。在宣传棚旁边的石头上，拿粉笔写着：‘同志们努力啊！还有二十五里就到山顶了。’‘竞赛一下，谁先上山顶?’经过宣传棚的留声机和唱歌，的确我们把上山的疲倦忘掉了。我们队伍内的那些小看护生也唱起来了：‘……骂一声×××你卖国的奸贼……为什么投日本，你丧尽了良心。’这样一唱，又到处引起唱着：‘粉碎了国民党的乌龟壳，我们真快乐……’唱了一阵以后，大家还是照着路向上走，这样走了共有十二个高峰，才到山顶。当然到了山之最高顶，大家就兴高采烈，精神也兴奋了。”

这是一支刚刚遭到重大损失的军队，这是一支前方还有无数险阻的军队。但是从陈云的描述中，看不到一丝沮丧，而是看到一种高昂的斗志，一种发自内心的革命乐观主义。

文章中记述，毛泽东在贵州见路边有一老妇和儿童在寒冷的冬天还身着单衣，倒在路边，“当时毛即时从身上脱下毛线衣一件及行李中取布被单一条，授予老妇，并命人给以白米一斗。老妇则连连道谢含笑而去。”这哪有国民党宣传青面獠牙、杀人不眨眼的“匪首”的影子?

文章用隐晦的笔法宣传了遵义会议的精神，如以四渡赤水为例，说“赤军此种狡猾机动之作战方法，常以出奇制胜，此均为毛泽东、朱德之特长。故在红军中，毛泽东有诸葛亮之称”。

文章还暗示红军的战略转移是为了抗日，宣传了中国共产党及工农红军的抗日主张。如其中叙述了朱德召集被俘的黔军中上级军官谈话，宣传红军抗日主张，希望全国军人一致合作。文章最后还指出，如果国民党“继续内战与‘剿共’，非但不能救国，而且适足以误国”，“如果停止自杀，而共同杀敌，则不仅日本不足惧，我中华民族亦将从此复兴矣！”

陈云是长征亲历者中，第一个向全国和全世界宣传红军长征的人。埃德加·斯诺的《西行漫记》（原名《红星照耀中国》）以介绍共产党和红军而声名远扬，其中也以较大篇幅介绍了长征，但从时间上来说，也比陈云的这篇文章晚了1年多（斯诺的书1937年10月在英国出版）。

文章发表后产生了很大影响，1937年3月起这篇文章在国内刊载和出版单行本，书名为《随军西征记》《从东南到西北》《长征两面写》等。1985年1月《红旗》杂志第一次以作者陈云的名字公开发表了此文，并说明廉臣是陈云的笔名。这年6月红旗出版社重印了单行本。这篇文章还以附录形式收入了1995年出版的《陈云文选》第一卷。

一碗鸡汤面

1934 年 10 月，中央红军未能打破敌人对中央革命根据地的第五次“围剿”，不得不退出苏区，开始长征。

长征开始时，就像是来了一次大搬迁，连印刷机都要搬着走。当时，一、三军团在前面开路，八、九军团保护两翼，红五军团担任后卫，中央、军委两纵队带着大堆坛坛罐罐，被裹在中央，一步步慢慢向西前进。

考虑到担任后卫任务的红五军团会遭受追敌的疯狂进攻，长征前夕，中共中央、中革军委派陈云为红五军团中央代表。中革军委副主席、红军总政委周恩来与红军总司令朱德与他谈话，周恩来向他介绍了情况，并向他指出这一任务的艰巨性：红五军团将担任殿后任务，有许多预想不到的事情，为了全军的整体利益，甚至要作好牺牲的准备。作为中央代表，要负责掌握全军的后卫情况，果断处理紧急问题，以加强对五军团的领导。

长征开始后，敌人从后面步步紧逼，大批敌军赶往红军前方堵截去路，战斗异常惨烈。由于整个队伍行动缓慢，后卫部队承受了巨大的压力，战斗不断，经常吃不上饭，睡不了觉。特别是 1934 年底，在湖南南部红军抢渡湘江的战斗中，红五军团作为殿后部队，干部战士浴血苦战，一些部队战至最后一人，坚决完成了阻击敌人的任务，为大部队渡过湘江作出了贡献。红五军团损失极为惨重，红三十四师被敌人截住，师长陈树湘及大批指战员英勇牺牲。

在这样紧张激烈的战斗中，陈云异常忙碌，几天几夜没有睡觉，好些天里连一顿像样的饭都吃不到。有一次，陈云路过红五军团十三师二十七团，团政委谢良想尽办法给他搞来了鸡汤煮挂面，使陈云在多日的困乏中终于吃了一顿像样的饭。

这件事，陈云一直记在心里。到延安后，谢良有次到中央组织部办事，当时担任组织部长的陈云硬把他留下，请他吃了一顿自己从苏联带回的马肠。

七叶扁舟渡大江

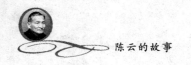

1935 年 5 月，红军长征来到云南、四川交界处的金沙江边。

金沙江是长江上游云南、四川交界处的河段，因江底盛产金沙而得名。金沙江两岸都是高山峻岭，除了几个渡口外，其他地方都是悬崖绝壁，真正是“天险”。

当时红军抢占了三处渡口，一处是元谋县龙街渡口，但这个渡口的船只被敌人烧毁了。另一处洪门渡口，红军只缴到两只小船，每次只能渡 10 多人，江宽流急，渡江费时较长，大部队渡江有困难。只有一处云南禄劝县皎平渡，红军缴获了两只大木船，又收集到 5 只木船。大船一次可渡 40 人，小船一次 10 个人，如果昼夜不停摆渡，3 万红军部队用 5 天时间就能渡完。

皎平渡口南面是云南，北面就是四川。所谓渡口，也只比其他地方稍微平一点，地势还是非常险峻的。南岸停船的地方还可在沙滩上，北岸则是悬崖，在悬崖上凿上一条将近 100 米的隧道，通到半山上的一个关卡，隧道边还凿了窗洞来方便采光透气。船到北岸，渡客下船后顺石阶而上，来到隧道口，经隧道上山。

渡口的江面很宽，对岸喊话另一边的人都听不见。水流每秒达四五米，平时水浪达一二尺，起风浪时达三四尺。江边气候变化莫测，风急雨骤，好在风雨一般持续不过半小时。大风起的时候，江边沙滩上的沙子都能吹起来随风飞舞，人都站不住。

在这样险峻的地方，3 万大军就靠 7 条船过江，如果不组织好，后果不堪设想。红军组织了渡河（金沙江）司令部，由陈云任政治委员，与毛泽东、朱德、周恩来、刘伯承等共同组织部队渡江。

陈云来到江边，让卫生员给找了个土洞临时休息，并指挥渡江。陈云对渡江工作的每个细节都进行了仔细周到的考虑，每趟渡船来回需要多少时间，每小时、每天可以渡多少人过江，谁先过谁后过，都安排得井井有条。

来江边的沿途，渡河司令部都派人张贴渡河纪律。部队来到江边时必须停止，不能走到船边，要听军号声指挥。上船时不能一窝蜂，必须按次序排成一路纵队。这一规定，下至普通战士，上至军团长等高级干部，都必须遵守。上船后，每船安排一个司令员，船上的人都必须服从他的命令。马匹不能上船，就让马夫坐在船尾牵着，船开动后岸上的人拿鞭子把马赶下河，跟在船后面游过去。

当时渡河司令部的人每餐的伙食只有青豆，但陈云安排给船夫每昼夜开伙 6 次，顿顿杀猪吃肉，每天还给 5 块钱现大洋。这几只木船都已经极为破烂，江水从船底向船上涌出，每次来回，都必须派人拿木桶将船舱里的水舀起来，倒回江中，才能够重新使用，渡船每小时只能来回三四次。为保证夜里渡江的安全，红军在两岸点起大火堆，把江面照得透亮。

经过几天几夜的连续紧张的工作，到 5 月 9 日，红军井然有序地渡过金沙江。过河后，将几只船摧毁。对船夫，则不但支付他们工资，还考虑到船毁后他们的生计暂时受影响，又额外给他们每人 30 块大洋和其他东西。

红军巧渡金沙江，摆脱了几十万追军的袭扰。当时红军宣传人员还搞了个小品，说的是红军已渡江北去，蒋军追赶红军来到金沙江边，只在江边捡到了红军扔掉的一只破草鞋，面对滔滔江水徒唤奈何。红军战士胜利的豪情溢于言表。

不忘革命英烈

1983 年 12 月 20 日，担任中共中央政治局常委、中央纪律委员会主任的陈云，亲笔给有关部门写了一份证明材料。他写道：“……最近，四川省委组织部送来材料，证明席懋昭同志确曾担任过灵关殿（村）小学校长，他的爱人也在该校当过教员。另外，还送来一张他的照片，这些情况以及照片，和我的记忆完全吻合，因此可以肯定，席懋昭就是当年护送我从灵关殿（村）到成都、重庆的那位同志。”

这份材料的背后，有着陈云自己的一段传奇经历，寄托着陈云对革命先烈的一片深情。

还是在红军长征的时候。1935 年 1 月，中共中央在贵州遵义召开了政治局扩大会议，毛泽东的正确路线取代了王明的错误路线，迫切需要恢复受到严重破坏的党在国民党统治地区（白区）的地下工作。红军渡过金沙江进入四川，又从泸定桥越过了大渡河天险后，开了一个会，确定让陈云尽快赶赴白区。

1935 年 6 月 7 日，中央红军攻克四川西部的天全县。在天全县灵关殿，陈云离开红军队伍，奔赴白区。陈云所担负的使命是绝密的，当时只有少数领导人和核心机要参谋知道。陈云本人更是守口如瓶，连对当时也在长征队伍中的亲人也没有透露半点消息。临行前，他把自己随身携带的全部机要文件交付组织处理，把一个蚊帐送给了自己的好友张闻天，同时委托中央纵队秘书长刘英把一条毛毯和几件衣服交给亲人。

灵关殿在四川西部极为偏远的地方，要到上海，必须经过敌人戒备森严的雅安、成都、重庆等地，才能乘船东下。陈云一个外省人，地形、情况不熟，讲话又是上海口音，沿途水路、旱路几千里，稍有不慎，就会有危险。考虑到这一点，中央安排了四川本地的一个地下党员护送他离开四川。这个人，就是席懋昭。

席懋昭是四川仪陇人，1933 年入党，当时的公开身份是灵关殿村小学校长。

陈云化装成小学教员，与席懋昭在菲菲细雨中，沿着泥泞的田间小道，离开了灵关殿。不多一会儿，就见从后面跑来一个人，浑身是泥，慌里慌张，狼狈已极。

陈云和席懋昭对此人的底细早已知道得一清二楚。原来这是组织上安排的一个妙计，此人是荥经县的一个地主，时任国民党的天全县教育局长，被红军抓住后押往灵关殿，陈云他们出发后，红军故意给他机会逃走，变相地让他给陈云作掩护、带带路。此人果然钻进圈套，抓住机会就没命地逃跑了。

席懋昭主动过去跟他打招呼，为了打消他的疑虑，主动作了自我介绍，说他们俩都是为了躲避红军而往外跑的。

教育局长大人患难之中，见有人主动打招呼，信以为真，就讲了自己的实情。于是三人结伴前去荥经。有了教育局长这个伙伴，一路省去了不少麻烦。他同沿途的民团都熟，所到之处都有人跟他打招呼，点个头就放行，三人顺利到了荥经。教育局长热情邀两个“患难之交”到他家住下。盛情难却，陈、席二人在他家住了一晚。

第二天，两人离开荥经前往雅安。陈云改扮成商人，席懋昭扮做采购的样子。半路上遇上一支当地的游击队，带了一些枪要去找红军，结果跟敌人相遇，打了一仗，获胜后带着战利品继续前进了。陈、席二人看到了这场战斗，心里十分高兴。

过了雅安，两人又昼夜兼程奔向成都，一路上应付了敌人一次又一次的盘查，五六天后终于安全到达。

此时蒋介石坐镇成都，指挥中央军和川军与红军作战。蒋介石被红军神出鬼没的战法吓得草木皆兵，成都一带戒备森严、岗哨林立，警察、特务到处乱窜。陈云与席懋昭为了不引起敌人注意，就分头活动。陈云手持刘伯承的一封亲笔信，找到了刘伯承的好友、人称“瓜翁”的美丰银行董事胡公著。

看完信，胡公著既惊奇又深感突然。他接待了这位不寻常的客人，告诉他：“外面风声很紧，你要赶快离开这里！”

陈云在美丰银行楼上住了一夜。根据临行前与周恩来的约定，第二天一早，他托人到成都《新新新闻》报馆，刊登了一则《廖家骏启事》，内称：“家骏此次来省，路上遗失牙质图章一个，文为廖家骏印，特此登报，声明作废。”这是陈云向中央发回的安全抵达成都的暗号。

辞别胡公著后，陈云在约定的地方与席懋昭见了面。席懋昭原打算请陈云在成都休息几天，但鉴于形势紧张，为陈云的安全着想，只好一起立即离开成都赴重庆。他们先乘汽车，后步行，到了重庆。他们经过多方寻访，终于在一个药铺里找到了刘伯承的弟弟，在他家里住了下来。经过700多公里的紧张行程，陈云这时候才得以稍稍休息了几天。

陈云买好了去上海的船票。这天清晨，席懋昭送陈云去朝天门码头。两人迎着江风，踏着山城的陡斜的石阶向江边走去。临上船，陈云紧紧握住席懋昭的手，向他道别。

几年后，陈云再次见到了席懋昭。1937年底，陈云乘飞机到达延安，席懋昭此前也辗转来到延安学习。在机场的欢迎会上，席懋昭抑制不住内心的激动，走上主席台，来到陈云面前，陈云一眼就认出了这位生死与共的战友，亲切地招呼他坐在身边。第二天两人在陈云住处畅谈了别后的经历，陈云送给席懋昭一双呢子拉链棉鞋和一筒罐头，并约请他常来。1938年2月，席懋昭被组织上派回四川工作，启程前，他还向陈云辞行。

不料这一别竟成永诀。1948年3月，在四川搞地下工作的席懋昭因叛徒出卖而被捕，关入渣滓洞集中营。次年11月27日，在国民党败退逃往台湾前的疯狂大屠杀中，他英勇牺牲，时年37岁。

陈云一直惦记着席懋昭，多次向在四川工作的同志打听他的消息，来到四川时更是多方寻找，可惜一直未能找到。1983年4月，他得知席懋昭重庆解放前夕在渣滓洞集中营牺牲，立即向中共仪陇县委和中共四川省委询问情况，并为复查提供材料和调查线索，非常关心他是否定为烈士的问题。

后来，四川省委组织部将复查情况及照片报送给他，他认真审阅并仔细辨认后，就写了前面提到的那份证明。在信中他还提出："应当肯定席懋昭同志为革命烈士，并记下他在完成护送我出川这一党的重要任务中的功绩。"1984年5月28日，四川省人民政府追认席懋昭为革命烈士，并追记大功一次。

援接西路军

1936年10月，由红军第四方面军一部2万多人组成的西路军，向西渡过黄河，执行“夺取宁夏，打通苏联”的战略计划，1937年3月在甘肃河西走廊一带的作战中失利。余部组成西路军左支队，在冰天雪地的祁连山脉和漫漫无边的西部荒漠戈壁中艰苦转战，4月下旬到达甘肃、新疆交界的星星峡。这时，部队只剩下不到400人了，弹尽粮绝，疲惫不堪，在敌人的骑兵追击下，情况十分危急。

就在这时，中共中央驻新疆代表陈云，率领一支几十辆汽车组成的车队，带着大批武器、食品和衣物赶到星星峡，迎接他们来了！

原来，当时新疆军阀盛世才伪装进步，与苏联关系良好。中央指示陈云利用这一关系，到新疆援接西路军。4月23日，陈云从苏联抵达迪化（今乌鲁木齐），被中共中央任命为驻新疆代表。得到西路军左支队的消息后，他立刻与盛世才交涉汽车和物资，将这批历尽艰险的战友接到新疆。

从4月28日起，陈云就在村口迎接陆续来到的西路军干部战士。绝处逢生的红军战士们见到陈云，一个个激动得热泪盈眶。陈云同大家一个个握手，代表党中央和毛泽东向他们表示亲切的问候。

晚上，陈云逐户去看望指战员们。经过血战和长途奔波的红军战士，一个个蓬头垢面，无精打采，疲劳已极。陈云十分心痛，对他们说：“同志们，我现在要求你们做两件事：一是吃好饭，二是睡好觉，有什么话以后再说。”

“这么大的困难，你们能团结在一起，不投降敌人，不管人累成什么样子，跑也要跑到这里来。你们是好样的！你们是真正的共产党员！”

2 万多人的大部队，只剩下这么一点人，大家心里都很难受。5 月 1 日，陈云组织大家开了国际劳动节庆祝会，在会上讲话鼓励他们说：留得青山在，不怕没柴烧。你们在极端困难的情况下，团结一致，奋战到这里，是非常难能可贵的。你们是革命的精华，是红色的种子，你们的光荣是黄金也买不来的。今天你们是 400 人，明天你们就是几千人、几万人、几十万人！只要我们保存了革命力量，我们将来就一定能够取得胜利！

他还激奋地说：“我们要把自己制作使用的武器、衣物、鞋袜等全部保存起来，送到莫斯科去，送到共产国际去，让全世界的无产阶级看看，中国红军是在什么样的艰苦条件下从事解放事业的！”

陈云的话，使战士们的心中滚起一阵暖流，失败后沉闷、沮丧之气一扫而光，积极奋发的斗争精神重又燃烧起来。

为了让大家迅速恢复体力，陈云还让接待人员采购了一批新鲜羊肉，并请盛世才空投了食品，让大家吃得饱饱的。

5 月 3 日，陈云带领大家坐上汽车往新疆进发。临走前，他委托新疆边务处的人员帮助继续收容西路军战士，还派人化装成商人坐汽车去甘肃，沿途寻找失散的红军指战员。后来，陆续抵达新疆的西路军余部达到 480 多人。

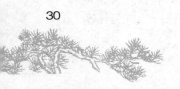

“陈云同志做了件很好的事”

1939年9月，周恩来去苏联治病，路过新疆。他听了在新疆学习航空飞行的两位中共人员的汇报后，高兴地说：陈云同志做了件很好的事。将来建设我们自己的空军，有骨干、有种子了。

受到周恩来称赞的这件好事，就是陈云领导创建的以中共人员为主的新疆航空队。

陈云把西路军余部接到迪化后，对外号称“新兵营”。当时面临的一个问题就是：怎么样安排这些身经百战的战士呢？他很有远见地想到，将来革命事业发展起来，一定需要大量的掌握现代化武器技术的人才，不如利用现有的条件，组织大家学习技术。

说干就干。他找到盛世才，提出利用苏联援助的现代化装备，帮助训练西路军余部。盛世才答应了。不久，“新兵营”里这些久经战阵的“新兵”就开始学习火炮、装甲车、汽车、无线电等技术。

但是，当时红军指战员文化程度普遍偏低，好多人还是参加红军以后才脱掉文盲帽子的，要掌握现代化武器技术，困难不小。

陈云想了一个巧妙的办法。他筹资买来两辆崭新的自行车，然后下命令说：

“在学驾驶四个轮子之前，每人首先都必须学会骑自行车，先掌握两个轮子怎么开。咱们从学骑自行车开始学机械化！”

这样的“机械”当然简单多了，大多数人三四个小时就学会了，慢些儿的骑上五六小时也能独自摆弄起来。通过掌握自行车技术，大家对机械原理有了初步的感性认识，再学复杂的机械技术就不觉得困难了。

这年10月，陈云又把眼光投向了天空，打算安排一些指战员学习航空技术。

那时，中央已经准备把他调到延安去，但他仍然抓紧时间落实这件事。

他先找盛世才交涉。盛世才答应了，但他也向陈云提了三个条件：第一，他的飞机不多，请中共出面让苏联再援助几架比较先进的飞机，用于代培飞行人员。第二，这批训练好的飞行员毕业后，不要马上回延安，让他们帮助把他的航空队的军威建立起来。因为他手下训练的头两批飞行员都是学生出身，很怕死，不愿意打仗。第三，请中共派一批得力干部在新疆工作，帮助发展文化教育，整理财政经济，保卫边防。

陈云仔细权衡后，接受了这三条。他认为这样做既有利于发展同盛世才的合作关系，也不丧失原则。

随后，他从“新兵营”里挑选了30多名年轻、身体好，有一定文化程度的共产党员，让他们准备学航空。他鼓励这些指战员说：我们在中央根据地，在长征途中，吃了国民党空军多少的苦头呀！许多英勇善战的好同志，没有倒在与敌人短兵相接的战场上，却惨死在敌机的轰炸扫射下。现在，日本帝国主义又用飞机对我华北军民狂轰滥炸，制造了很多血案。如果我们党有了一支自己的空军，就能从空中打击敌人，保卫根据地。革命的胜利就会早日到来！空军是很复杂的技术兵种，要建自己的空军，必须及早培养人才。我想，我们可以利用新疆的统战环境，借用盛世才的航空队，为我们党培养一支既会驾驶飞机、又会维护修理的航空技术队伍。只要有了人才，再想办法通过国际援助获得飞机，我们的空军不就可以建立起来了吗？

这年 11 月，陈云离开新疆，到延安去。他把组织党的航空队的事情交待给接任的邓发。

回到延安后，他又把这件事报告了中共中央，得到批准后，又亲自从延安挑选了十几名学员，赴新疆学习航空。挑选的时候，他用点读报纸某段文章的办法，考察他们的文化程度和视力，将怀表放在候选人身后的不同位置，考察他们的听力，还用下棋的办法测试他们的灵活性。

1938 年 3 月，这支航空队开始正式学习了。这批年轻的红军干部没有辜负陈云的厚望，以优异成绩毕业。1946 年 6 月，这批学员历尽千辛万苦回到延安。在解放战争期间，他们为培养人民军队的飞行员发挥了重要作用，1949 年人民空军诞生后，他们成为人民空军的骨干人才。

理解和教育

陈云当组织部部长的时候，十分关怀青年的成长。他理解他们，时刻注意培养教育他们。

1938 年，抗大的一个青年学生被分配到组织部工作。这个人刚工作了几天就病了。有一天他找到陈云，说自己不适应组织部的工作，要求调动。陈云了解到，他工作还是很负责的，以前在抗大非常活跃，爱好文体活动，但这里要求他必须严肃、冷静地开展工作，他觉得不习惯，竟闷出了病。陈云理解他的苦衷，就答应了他的要求，让他回抗大去了。

不料回到学校，他受到严厉的批评，说他不安心工作，不服从党的安排。还有人质问他是不是共产党员，是不是革命军人，为什么不服从命令。他听了后很害怕，赶紧又找到陈云。陈云看见他惊慌的样子，就安慰说：你是一个好同志，一时不能习惯这里的工作，这是可以原谅的。你还年轻，又是个新党员，要是老党员，我们就要批评了。你应该严格要求自己，尽快适应党分配的工作。

这个人看到陈云这么理解他，才放了心。陈云问他能不能在组织部再工作一段时间试试，他同意了。接下来他留在组织部，工作得很出色。

信 任

抗日战争爆发后，陈云从新疆来到延安，担任中共中央组织部部长。1939 年的一天，周恩来从重庆给他发来电报，说：重庆著名医生何穆和他的作家妻子陈学昭，经八路军驻重庆办事处介绍，前往延安，请为他们安排工作。

陈云见了电报，十分高兴。由于敌人的封锁，根据地缺医少药，急需各种医务人才。何穆是一位留法肺科专家，因为不满国民党的腐败和消极抗日政策，才要到延安来的。何穆夫妻来到延安后，陈云亲自接待，安排何穆到中央医院工作，陈学昭从事写作。在生活上，也对他们实行优待。当时，日军两次轰炸延安城，陈云为了保障何穆的安全，安排他到中央组织部住，并送给他一匹马，以备出诊时骑用。

不料一年后，何穆突然要求离开延安。陈云几次挽留，他仍坚持要走。那时延安工作和生活条件都很艰苦，医药和器具都很少；生活上就是优待，也不如他们在重庆生活条件好。他们来延安工作了一年后，感到工作和生活不习惯。前不久，周恩来摔伤了，因为缺少骨科医生，请何穆去治疗，但没有必要的诊疗手段，治疗效果不太理想，有人说风凉话，使何穆心里很不痛快，再加上他们夫妻俩当时感情发生矛盾，一气之下，何穆要求回重庆去。

陈云几次找他们谈话，觉得不便强留，便对他们说：“你们俩人来了，我们欢迎，如果一定要走，我们欢送。你们出去以后，有什么困难，愿意回来，我们随时欢迎。”并且，还十分信任地交给他们为延安采买医药用品和招收医务人员的任务，介绍他们到重庆休养。

何穆走后，有人以为他们一走就不会回来了，觉得放走这样好的专家十分可惜。但何穆夫妇没有辜负党组织和陈云的信任，1940 年 12 月 11 日，他们一块回到延安，还从大后方带来了很多医药品，并招收了 6 名护理人员。

第二天，陈云亲自去看望他们，并推荐何穆担任了中央医院院长职务。后来，何穆上了前方，在战争环境中得到锻炼，加入了中国共产党。

摘“托派”帽子

组织部门是管干部的。陈云当组织部长的时候，要求工作人员把组织部门办成“干部之家”。他经常对中央组织部的同志们说：做干部工作，无论大事小事都不要怕麻烦。那时候，常有干部来组织部要求反映情况，要求解决他们的问题，有时候直接闯到陈云的办公室里。陈云总是放下手中的工作，认真地听取他们反映的意见，耐心回答他们的问题。

有时，秘书看陈云实在太忙，想为陈云“挡驾”，但被他制止了。他对秘书说：“设身处地地想想，人家来找你，一定有什么重要的事要解决，一定要会一会。”

1938 年的秋天，组织部门以参加学习的名义，将两位从国统区来的一男一女两个青年调回延安。他们高高兴兴地来到中央组织部，陈云亲自接待，十分坦诚地告诉他们：“有人说你们是托派，有一个还是托派特委委员，调回来是审查你们的。”

两人一听就吓坏了。在党内斗争中，“托派”是一个很严重的罪名，会被抓起来甚至遭处决。两人都急着申述，说着说着就哭了起来。陈云和蔼地对他们说：“先不要哭，要相信党，事情总会查清楚的。我保证替你们查清这个问题。”

陈云的秘书刘家栋正好认识他们俩。他对陈云说：男青年丁秀是他在北平（今北京）上学时的老学长，在党领导的学生运动中表现不错，怎么可能是托派呢？陈云神情严肃地说：

“组织上对党员政治历史问题要严肃对待，要正面和本人讲清楚，敢于负责去解决，不含糊。”他让刘家栋到组织部招待所去找那两人谈谈，多做点思想工作，以免发生意外。经过谈话，他们的情绪逐渐安定下来。

出于对他们政治生命负责的高度责任心，陈云亲自出面审查。他往各地发了好几封电报，仔细审查他们的历史，只用了两个星期的时间，便查清了问题。陈云把这两个青年找来，说：“问题已经查清了，你们俩不是托派。”

两个青年心情十分激动，高兴得流下了热泪。他们知道，延安通讯条件那么差，组织部的工作又那么忙，要不是陈云亲自出面，根本不可能这么快就查清问题。他们十分感谢党组织，感谢陈云，抹掉了激动的泪水，高高兴兴地上学去了。

陈云也替他们高兴，他认为，用两个星期的时间培养不出一个干部，现在只用两个星期就挽救了两个干部的政治生命，这是十分“合算”的。

模范学习小组

陈云填写履历表的时候，在文化程度那一栏，一直填的是“小学”。他受的学校教育确实只有小学。但陈云能成长为党的高级领导人，与他注重学习哲学、从而形成了正确的思想方法是分不开的。

在延安的时候，有了一个相对稳定的环境，陈云就抓紧时间学习。并且提出，学习是共产党员的责任。他自己带头学习哲学。

事情的起因是，陈云担任中央组织部长后，有一次对毛泽东谈起工作经验的重要性。可毛泽东听后却说：工作经验固然重要，但思想方法更重要。他还对陈云说：“你不妨学点哲学。”过了一段时间，毛泽东又来到陈云那里，还是强调思想方法问题。以后又对陈云第三次说：思想方法问题是个大问题，比经验还重要。

陈云接受了毛泽东的建议，开始学习哲学。不但他自己学，他还在组织部成立了一个学习小组，发动干部一起学。学习方法上，自学为主，不时开展讲课和讨论。毛泽东还把他秘书和培元派来给他们当老师。和培元哲学水平高，思维清晰，讲得透彻，讲课效果很好。但有一次在延河游泳时不幸淹死了，学习小组又请延安的哲学权威艾思奇来讲课。

组织部这个学习小组，成员有李富春、王鹤寿等，后来陶铸、陈正人等也加入了。另外，还有很多人来旁听，陈云把他们叫做“后排议员”。

学习小组学习的内容，是马克思主义哲学、政治经济学及毛泽东等人的著作。那时，陈云的工作很忙，但他从不以此为借口而耽误学习，毛泽东说陈云在学习上有“挤”的经验，能在繁忙的工作中挤时间学习、读书。

这个学习小组一直坚持了5年，当时在延安很出名。1944年延安第一届“五五”学习节，陈云领导的学习小组被评为“模范学习小组”。

这一段的学习对陈云很有帮助。后来，他在学习哲学的基础上，总结出了15个字的思想方法和工作方法：“不唯上、不唯书、只唯实，交换、比较、反复。”

开除刘力功党籍

1939 年 5 月，陈云在《解放》杂志发表了一篇文章，题目是《为什么要开除刘力功的党籍》。

刘力功 1938 年入党，当时算一个新党员。他曾经在抗大学习，毕业以后，又参加了一个党员训练班，专门学习了一次党的建设的课程。学习期间表现就不太好，学习结束时，党组织给他作的鉴定说他“非常自高自大，有不少共产党员所不应有的观点”。

根据他的表现，再加上他本人没有什么工作经验，又是新党员，党组织安排他到基层工作，接受锻炼。刘力功不干，他提出要进延安马列学院，要不然就派他回到原籍去工作。还声称，如果不答应他的要求，他就要退党。

组织上分配工作时，当然会考虑到党员的个人要求与具体情况，但首先是从党的工作需要出发的，作出的决定，党员有义务去执行。刘力功不服从组织安排，是非常不应该的。但是，考虑到刘力功是一个新党员，为了教育他提高认识和觉悟，党组织曾经派人与他谈了 7 次话。身为中央组织部长的陈云也亲自找他谈话，做他的思想工作。

第一次找刘力功谈话的时候，他似乎也有悔意，解释说，他说退党的话是错误的。但涉及到实质问题，要他服从组织分配，到基层去工作的时候，他就暴露出本性，死活不愿去。几次找他谈话都没有结果。

党组织研究了刘力功提出的要求，认为不能接受。马列学院是党的比较高级的学校，不能接收像刘力功这样思想意识极端错误的人；派他回原籍工作，则只是满足了他的家庭观念，不但不会对当地的工作有帮助，而且有害于党的事业。为此，党组织决定派他到华北根据地去做基层工作，在艰苦的环境下接受锻炼和考验。

把这个决定通知刘力功时，组织上特别提醒他，“个人服从组织”是党的纪律，党员有义务遵守。派他去华北做基层工作是党的决定，必须服从。但刘力功还是坚持错误，要求党组织接受他的要求。组织上拒绝了，但还是给他一段时间去反省自己的错误。

但刘力功丝毫没有认真反省。几天后，他说是愿意到华北去工作，但竟然还在向党组织提条件，讨价还价，说：如果一定要派他到华北去，就要到八路军总司令部去工作。

事情汇报到陈云那里，陈云听说后也很生气。他把刘力功找来，当面批评了他，严厉地说：“你非要到上层工作，就在延安山头开荒去吧！”陈云还警告他说，如果还坚持不服从组织分配，党组织是要进行处分的，严重的要开除出党。

刘力功视组织纪律为儿戏，见自己的个人要求达不到，竟然拒绝执行党的决定。

负责党的纪律工作的中央党务委员会，当时设在中央组织部。党务委员会对刘力功的言行进行了研究，认为他违反了党的纪律，本人又拒不接受组织上和同志们的批评教育，不愿改正错误，应该坚决开除他的党籍。

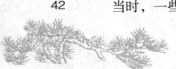

中央党务委员会将这个意见提交到中央组织部部务会议。讨论后作出决定：刘力功违犯党的纪律，又不接受党的教育，改正自己的错误，因此，决定开除其党籍，并公布于全党。

当时，一些党员组织纪律观点不强，党组织给他们分配工作的时候，经常有一些人对组织决定讨价还价。陈云认为，刘力功的事情比较有典型意义，此人一开始就以个人利益为第一，不愿到艰苦环境去，后来又要求有条件地遵守党的纪律，拒不接受组织上的挽救。为了充分利用这个反面典型，陈云专门写了一篇文章，题为《为什么开除刘力功的党籍》，介绍了事情的前后经过，刊登在 1939 年 5 月的党的刊物《解放》杂志上，以教育全体党员，增强共产党员的党性、纪律性。

巧卖存盐

1944 年，陈云担任了西北财经办事处副主任，负责陕甘宁边区的财经工作。

那时候，国民党加紧对陕甘宁边区的封锁，下令禁止国民党统治区的盐商到边区贩运食盐。食盐是边区财经收入的主要来源之一，大部分食盐都要外销到西安等国民党统治地区去。国民党这样一封锁，边区的盐卖不出去，一下子积压了十五六万垛，给财经工作带来很不利的影响，大家都很着急。

陈云知道后，找来边区贸易公司和盐业公司的负责人，一起商量解决办法。他决定先派人去调查一下行情，摸清情况再说。

经过调查，情况清楚了。过去，西安等地的盐商到边区贩盐，路近运费低，路上没有关卡勒索，很赚钱。国民党禁止盐商贩卖边区的食盐后，盐商只好远赴青海、宁夏去贩盐。路远不说，沿路还有国民党军警层层设卡勒索，还得担心土匪劫道，辛辛苦苦跑一趟下来，挣不了多少钱，运气不好甚至连老本都得赔进去。这样一来，贩的盐就少了，市场上食盐供应越来越紧张，老百姓怨气冲天。这样下去不是办法，估计到时候盐商们还得想办法到边区来贩盐。

摸清了情况，陈云心里有谱了。他召集干部会议，讨论食盐销售问题。在会上，大家各抒己见。有的人主张降价，用低价把盐商吸引过来。有的说反正盐商迟早要来，那就维持盐价等着好了，咱们也不吃亏。有的主张提价，说盐商知道消息肯定要慌神，就赶紧来买盐。

最后一种办法有点突破常规。按说，东西卖不出去，应该降价才对，怎么反而要涨价呢？但从当时的情况来看，边区的食盐积压，边区自然着急；但盐商们贩盐赚不着钱，他们更着急。这种时候，买涨不买落的投机心理，反而会促使他们早日上门来贩盐。陈云经过分析，采纳了最后一种意见，下令边区盐业公司把盐价提高20%。

消息传出去，没几天就有盐商找上门来，要求按原价买边区的盐。但边区盐业部门态度很坚决，怎么说也不同意。盐商们一看没有办法，心里头一合计，即使边区食盐涨了价，贩运出去也比到青海、宁夏贩盐合算，还是趁早买，省得盐价再涨。

不出半个月，盐商们蜂拥而至，把边区存积的盐抢购一空。边区用这些钱从国统区买进大量日用品，保证了边区的市场供应，财经工作也好做多了。

事后，陈云高兴地说：这个宝不是押准的，而是调查研究得来的，是摸准行情、正确判断的结果。他还总结说："这件事告诉我们一个真理：办任何事不能贸然而行，必须调查研究，掌握情况，认真分析，采取正确的政策，才能取得胜利。这是做好各项工作的法宝，当然也是做好经济工作的法宝。"

牵住牛尾巴

抗日战争胜利后，陈云被派往东北，担任中共中央东北局副书记，参加领导与国民党争夺东北的斗争。东北是个很富饶的地方。谚语说这里“棒打獐子瓢舀鱼，野鸡飞到饭锅里”，这里还有丰满水电站、鞍山钢铁厂等国内有名的大企业。占有东北，就可以在内战中取得有利的战略地位。

国民党那时候订了个战略，叫“南攻北守、先南后北”，企图先集中兵力夺取东北南部（那时候叫南满），再全力进攻东北北部（北满），独占东北。1946 年 10 月 19 日，蒋介石集中 8 个主力师，10 万余人，分 3 路向南满进攻。

南满根据地地理位置十分重要。它进可威逼沈阳、鞍山、营口等大城市，辽西走廊也受威胁；退可利用与朝鲜和当时苏军占领下的大连接壤的优势，力保长白山一隅，与敌周旋。当时南满根据地在中共辽东分局领导下，下辖辽宁、安东、辽南 3 个省委，主力有辽东军区指挥下的东北民主联军三纵、四纵部队和一些地方部队，约三四万人。

中共中央东北局当时已经退过松花江，到了北满。在敌人改变战略的情况下，迫切需要加强南满的领导，打退敌人的进攻。于是，中共中央东北局派人到南满去加强领导，陈云主动请战，同萧劲光到南满去。

11 月 3 日，陈云同萧劲光一起从哈尔滨出发，经牡丹江、图门江后又取道朝鲜，顶着漫天风雪，11 月 27 日才赶到辽东军区所在地临江。

就在陈云、萧劲光从哈尔滨动身的时候，敌人已经发动了对南满的攻势。南满局势骤然紧张。到陈云抵达南满的时候，面临的是一个极其危险的局面：南满根据地军民在优势敌人的进攻下，不得不退守，到 11 月底只剩下临江、长白、蒙江、抚松 4 个小的山区贫困县和两道大沟，分局和军区机关及主力部队被压缩在长白山脚下的狭长地带。

为了争夺东北，国民党真是不惜血本。进攻南满的部队是其精锐，全副美式装备，官兵大多数是有作战经验的老兵，数量上也占有绝对优势。南满军区的部队人数少不说了，武器是些拼了命从战场上夺取的落后的日本武器，部队里有很多是到东北后扩充的新兵，成分很复杂，逃跑的、扛枪投敌的、当土匪的不时出现，有些俘虏来不及教育就补充到部队，结果打仗的时候这些人就哗变。

以前在关内的时候，也是敌强我弱，但那时候根据地很巩固，老百姓觉悟高，真把八路军、新四军当子弟兵。敌人来了有人通风报信，吃穿有老百姓支援，母亲送儿子、妻子送丈夫参军，军队在人民中间如鱼得水，敌人无可奈何。东北是新解放区，人民军队立足未稳，群众还没有发动起来。老百姓没有受到国民党黑暗统治的压迫，刚从日本统治下解放出来，认为国民党是“正统”，还在那里“想中央、盼中央”，对“八路”的态度十分复杂；土匪、地主武装四处骚扰；再加上当时国民党军步步紧逼，共产党武装且战且退，对“八路”前途的议论很多，严重影响民心士气。打起仗来，群众不但不能像关内那样支前，反而不跑不逃，由村干部出面维持，将藏起来的东西献给国民党军队。民兵则闹轰轰地跑散了，甚至还有些人投到敌人那里去了。再说根据地只剩下 23 万人口，就算群众有心支援，也没有那么多人补充部队兵力损失。没有老百姓支援，部队吃穿也成了问题，在零下四十度的严寒下，不少战士没有棉衣棉鞋，吃的是冻得啃不动的窝窝头，经常露宿在冰天雪地之中。“八路”是“铁脚板”，打得赢就打，打不赢就走。但当时只剩下4个小县，回旋余地太小，走也走不到哪里去。再说鞋子不够，光着脚板在冰雪地里行军，怎么跟敌人的火车、汽车赛跑呢？

在这种情况下，好多干部战士自己也没有信心了，当时部队已经做好了最坏情况下的准备：放弃南满，渡过松花江与北满部队会师。

陈云到达临江后，担任了中共南满（辽东）分局书记和辽东军区政治委员。陈云过去对军事方面的工作接触不多，要应付这样紧张的局势，确实感到很困难。他决心补上军事这一课，多方听取意见，深入调查研究。

那时候，临江集中了很多从敌人占领区来的干部和农民，陈云亲自与他们谈话，了解敌后的情况，发现了敌人的弱点。

敌人虽然气势汹汹，但实际上因为兵力不足，后方已经很空虚。陈云了解到，安奉（今丹东至沈阳铁路）与南满（沈阳到大连之间的铁路）铁路之间，敌只有十四师的四十一团、新六军的运输团、一八四师残部，其他都是保安队、县警察和大团（地主武装）。长春、吉奉、平梅三铁路（即今长春至沈阳、吉林至沈阳、四平至梅河口的铁路）之间，正规军亦少。过去敌“扫荡”时所安的30余据点，现在只剩2个。南满军区有3股武装共11个连已过去20天，打了4个据点，来电要后续部队与干部去。只要下决心深入敌后，就可以在那里“大闹天宫”，搅得敌人顾了后方顾不了前方，顾了前方顾不了后方。

陈云在与一些从敌占区退来临江的群众和干部谈话中，得到一个重要情况，那就是敌后群众正在藏粮，以防被敌军和反攻倒算的地主拿走。安东、赛马等地退来临江的7个农民在谈话中告诉陈云，他们那里的农民早就把大部粮食藏于密窖，只以十之一二放在仓内，以便应付地主。12月19日，一位从宽甸、桓仁、凤凰城回来的地委组织部长更告诉陈云，那一带农民的粮在场上已看不到了，大概用这种藏粮办法藏起来了。

陈云从这些情况敏锐地感到，敌后的群众基础已经发生了很大的变化，保粮和夺粮的斗争，是阶级斗争尖锐化的强烈信号，因为粮食直接关系到农民的切身利益，种不上自己的地，吃不上自己打的粮，尝到土改甜头的农民就不会觉悟。再说，国民党军队的豺狼本性终归要暴露的，比如，地主对农民搞清算斗争的报复，农村里强行抽壮丁，“遭殃军”军纪败坏出现敲诈、抢劫、奸淫等等恶行，暴露其反人民的本质。人民军队去了，一定受到欢迎，欢迎的程度甚至会超过未沦陷时。因为那时国民党还未直接压迫这里的农民，现在是直接压迫了农民。敌人充当的反面教员，会让群众清楚地了解到，“八路”才是真正帮他们的，是他们自己的队伍。相反，如果“八路”一走了之，留下群众利益任由敌人侵害，就会失去他们的支持。

有了这样两个有利条件，再加东北其他地方和关内各个解放区相互配合作战，打破敌人的进攻，保住南满根据地，是完全有可能的。

1946年12月11日，辽东军区师以上干部在前线指挥所七道江开了军事会议，讨论战斗方案。会上发生了激烈争论，只有少数人同意坚守南满；多数人强调困难，认为在南满是寡不敌众，兵员武器不足，主张不如撤出南满，保存力量，以待日后反攻。会上大家各抒已见，相持不下。

第二天晚上，一个重要情报传来：国民党两个师的兵力已经向梅河口、辑安进犯，向七道口的进攻已经迫在眉睫。当时匆匆决定：会议提前结束，各师负责人立即返回部队作准备，对付敌人进攻，先打一仗看看，打得赢就打，打不赢就 5 个师到北满，四纵一师和辽军独立师留下坚守长白山；纵队以上干部留下来继续讨论南满斗争方针和作战问题。

主持会议的南满军区司令员萧劲光，心情十分复杂。他既不能将自己的意见强加于人，又不能眼看着时间往后拖。他心想：时不我待，必须从速决断。他把会议的情况向陈云作了汇报，请陈云来作最后决断。

陈云那时候还在临江，身体也不好。但接到萧劲光的请示后，还是在当晚 11 点钟，顶着漫天的大风雪，赶到七道江前线指挥所。

陈云进屋时，大家正围炉而坐，见他进来，都向他道辛苦，请他给争论的问题作个决定。陈云谦虚地说："萧劲光同志是搞军事的，很有学问。你们都是搞军事的，我不是搞军事的，来了是想听听你们的意见。主意还是靠大家出，办法靠大家想。"萧劲光和在座的领导看看夜已经很深了，都请陈云早点休息，明天还要开会。陈云没有答应，说要跟大家扯一扯。大家争先恐后地把自己的意见摆出来，陈云听得非常仔细。这一扯，就扯到了第二天凌晨 3 点。

14 日，陈云主持开会，又让大家继续讨论了一整天。

听过各种不同意见以后，陈云觉得情况已经非常明确了。这天晚上，他发言了。

他给大家打了一个形象的比方，说：东北的敌人好比一条牛，牛头牛身子是向着北满去的，在南满留了一条牛尾巴，如果我们松开了这条牛尾巴，那就不得了，这头牛就要横冲直撞，南满保不住，北满也就危险；如果我们抓住牛尾巴，那就了不得，敌人会进退两难。因此，抓住牛尾巴是个关键。

他给大家解释说，南满的战略地位相当重要，坚决不能丢。要是我5个师上北满，敌人在南满则无后顾之忧，就会有10个师跟着进北满。就算我两个纵队都到北满，顶多能对付敌1个军，但留在南满即可牵制敌4个军。权衡利弊，还是在南满大有作为。有人说长白山是瓜皮帽，别小看这个瓜皮帽，这是很有作用的，要是丢给敌人占了，我们即使在北满打了大胜仗，将来要回来就艰难了。只要长白山在我们手里，群众就有信心向着我们。有了根据地和群众，什么事情都好办！当前东北我军斗争的关键是能否在南满站住脚，保卫南满是中心任务。

不坚守南满，又会怎么样呢？陈云说：如果我们不坚守南满，向北满撤，部队在过长白山时要损失几千人。撤到北满，敌人还会追上来，还要打仗，从南满撤下来的部队又会损失几千人。如果我们从南满撤了，敌人可以全力对付北满，那时北满也可能保不住，部队只得继续往北撤。以后再打回来，又要损失几千人。这样前前后后加在一起，会损失1万多人，占南满部队总人数的一半。相反，如果我们留在南满，部队可能损失四分之三，甚至五分之四。但只要守住南满，就可以牵制敌人大批部队，使他们不能集中力量去打北满。相比之下，还是坚守南满损失小。况且，敌人在南满的兵力也不够，我们坚守南满完全是有可能的。

陈云坚定地说：司令员要我“拍板”，我就表态。“拍板”就是坚守南满。我们坚守南满，是艰苦的前进，比退到北满最后被敌人打出国境然后再打回来要合算。坚守就是胜利。“我们不走了，都留在南满，一个人也不走！留下来打，要在长白山上打红旗，摇旗呐喊！”

陈云讲完话后，与会的干部们当即表示：一定坚守南满，加强团结，把已经转移的部队调回来。

会议接着讨论了坚持的办法，定下来内线中外线作战，内外线配合中集中优势兵力，消灭敌人有生力量，坚持并巩固根据地。出击外线，陈云决定让四纵整个纵队去，到敌后大闹天宫，山上山下互相呼应，以游击战和运动战消灭敌人。考虑四纵刚打完新开岭战役，困难很多，陈云决定，他们需要什么东西都给与优先保证。三纵在正面进行运动防御。两个纵队紧密配合。

情况正如陈云所料。七道江会议结束后，陈云和萧劲光领导了著名的“四保临江”的战役，连续粉碎了敌人对南满的4次大规模进攻，深入敌后的部队打得敌人晕头转向，顾得了头顾不了腚。北满的部队也几次冲过松花江，逼得敌人不得不从南满分出兵力赶去救援。关内的部队也不失时机地发起攻势，搞得敌人没法大规模增兵来东北。只用了几个月时间，敌人就被打得龟缩到几个大城市里，人民军队转入大规模的进攻。

一件棉背心

1985年，有关部门派人到陈云家里收集革命文物。陈云夫人于若木拿出来一件陈云穿过的棉背心来。

这件棉背心是怎么来的？

1946年冬，陈云来到辽宁省临江县，担任了中共南满分局书记、辽东军区政委。当时南满局势异常险恶，陈云一到这里，就投入了紧张的工作，率领南满军民经过艰苦战斗，打退了敌人的进攻。

东北的冬天冷得出奇，数九寒天，气温低到零下40度。陈云是南方人，很难适应这么严寒的气候，再加上身体弱，在这冰天雪地里很快就感冒了。但他深知责任重大，仍然坚持工作。

战友们看在眼里，都非常心疼。辽东军区政治部副主任唐凯特地请人制作了一件麂皮面的棉背心送给他。

这件棉背心陪伴了陈云38年，都已经洗得发白了他还舍不得换，衣服破了就打补丁，后来一数，前后共有32个补丁。1984年这件衣服“光荣退休”，陈云还一再要工作人员好好保管好，别扔了它。

现在，这件凝聚着革命者的友情、体现老一辈无产阶级革命家俭朴生活的棉背心，已经珍藏在辽沈战役纪念馆，默默地教育一代又一代的后来者。

打破常规稳定粮价

1948年5月31日，中共中央东北局决定成立东北财经委员会，并由陈云负责财经委工作。7月17日，陈云又担任了东北行政委员会财政经济委员会主任。这是陈云继主持陕甘宁边区财经工作后，第二次主持革命根据地的财经工作。

6月10日，陈云在东北经济一片混乱之中，正式主持东北解放区的财经工作。

东北虽然是产粮区，但战争的重负还是对东北经济产生了巨大的压力。1948年3月，东北解放区物价开始暴涨，4月、5月、6月，涨势一浪高过一浪。领头上涨的是粮食。

粮价飞涨，造成公营企业中完全发货币工资的工人，（约5万人）和部分发货币工资的工人（约25万人）实际收入大幅下降，而东北公营企业工薪标准又太低，严重影响了工人的生活，工人情绪极不稳定。为防止这种状况发展下去影响生产，5月以后不得不逐步提高工资，并拟订了新的工薪标准，其主要内容是提高工薪的实物计算，并大部支付实物（约70%）。

粮价猛涨，还使财经部门掌握的公营事业和物资实力遭受了一定的损失。粮价飞涨的时候，一部分主管干部怕再刺激物价，不敢提高公营事业价格。公营企业的牌价，如火车、轮船、邮政、电力，以及为公家完全掌握的煤、盐、布、金价等等，都基本没有动，造成一系列不合理现象。例如，300公里的火车票价只等于10支纸烟价，一盏20支光电灯每月收费只等于1支纸烟价；接近产盐区的通化每斤盐价1200元，不产盐的北满反而只售500元；公营企业掌握的布价，由5公斤粮换1尺布，一跌而为2.5公斤粮换1尺布。金价也跌了一半。贱卖时间仅40余天，一看势头不对，公营企业这才赶忙提价，当时并非畅卖，所以损失不算多。

全东北只有哈尔滨市实行粮食配给。粮价涨起来以后，哈尔滨市配给粮价远远低于其他大小城市，相差三四倍，又不敢主动提高，结果不但公家赔本，也无法阻止其他大小城市的粮价上升，而且造成了哈市配给粮外流。

抛售公营物资的办法，在1947年几次物价波动中对打击投机、稳定物价起到了一定作用。但这次物价上涨，投机只是很次要的因素，根本的原因在于通货膨胀，因而抛售物资没有起到作用。而且公营物价过低，不利于工农业生产，仅利于小贩。由于小贩利润高，有些工厂的工人和职员请假当小贩。

陈云上任后，立即集中检查了财经工作，了解情况，分析原因，寻找对策。

经过分析，这次物价波动原因有两个：一是大量增发了纸币。增发之原因是主力部队和二线兵团人数增多，同时又必须购粮40万吨，1947年冬到1948年春开支增加，又没有相应的物资作为支付手段。所以东北币的发行量由1948年2月底的1400万元，猛增到1948年6月的6000万元，平均物价指数也涨了近三倍半。二是1947年粮食歉收，所以粮价在货币发行量激增和粮食求过于供的双重影响下，领头上涨了10倍，由2月底的每斤160元涨到1600元。

在粮价飞涨之下，公家即令按照市价统购，农民也囤粮不卖，有价无市，更造成了市场紧张。而入春到秋粮上市这段时间，正是缺粮季节，如果这种状况持续下去，必然会造成经济和军事全局性的严重危机。

在物价涨势一时难以通过金融途径解决的情况下，能否先抓住领头涨价的粮食，解决粮食有价无市的问题，制止市场恐慌，以利公家掌握粮食，群众有粮渡过粮荒季节，考验着陈云。

东北盛产粮食，那怎么还粮食紧张呢？陈云了解到，1948年度共收公粮134万吨，贸易局购入粮40万吨，陈供给必需外，再无调剂市场余力。而东北解放区八九百万城市人口所需的250万吨食粮及粉糕用粮，除哈尔滨外其他地区都完全依赖于2000多万农民在市场出售的粮食。城市人口众多，公家又无力调剂，就使供求关系失衡，稍微有点失调，粮价就会暴涨。另外，上一年南满和北满农业全都歉收，南满历来缺粮，北满的粮食又没有办法大量南调，粮食南贵北贱，最高时相差7倍，影响北满粮价。

但是陈云也了解到，东北人平均拥有粮食达300公斤，远高过关内各解放区200公斤的平均数。在粮食上打主意，还是有可能的。但主意怎么打，陈云有自己的考虑。

当时有人主张减少出口，陈云没有同意。6月11日，陈云在东北局常委会上指出：我们目前能出口的基本上是粮食，不仅要出口余粮，而且要勒紧肚子，尽可能多出口一些。要用粮食换军需、民用和工业物资，其中军需占大头。要批判片面的群众观点，如果不多出口粮食，反而会从群众中取得更多。价格，从小处看，我们吃亏；从整体看，我们赚大钱，因为这是大买卖。有的同志只看到局部，认为不合算，结果丢了大头。这种同志只能当总务处长，管不了国计民生。显然，陈云是从保证军需和发展生产的大局来看待粮食出口的。

不能打出口的主意，那就用行政手段把粮食管制起来？在一般情况下，什么东西缺，公家当然就应该管制什么。这正是东北财经部门前一段的做法：为了保证公家购粮，限制商贩携带25公斤以上的粮食。

但结果显然是失败的。陈云分析后发现，正是这种做法，缩小了社会的调剂力量，更刺激粮价上涨，农民惜售。想买到粮食，结果是更买不到粮食。在东北当时的情况下，管制造成的有价无市，对经济的危害远甚于粮价上涨。

为了度过灾区的粮荒季节，鼓励农民出卖粮食，以有限物资稳定市场，陈云经过认真分析和慎重权衡后，决定立即改变管制粮食经营和抛售物资办法，不再硬性阻止物价上涨，而是把目标定为允许物价合理平涨、防止暴涨上，以最大限度地发挥公营经济稳定市场的力量，切实掌握粮食，使东北经济顺利闯过难关。

6月28日，陈云在中共中央东北局常委会议讨论城市居民实行配给制和组织消费合作社问题时，提出了以掌握粮食为中心解决物价问题的办法。他说：现在的主要问题是物价。对此，过去有两种意见，一种主张要稳，一种主张不能稳。今年，物价中带头的是粮食，要尽可能多地把粮食捡在手里。首先，要集中力量把布和盐抓起来，有了这些东西就可以向农民换取粮食。向农民收买粮食要按经济原则办事，农民只要不吃亏，就愿意把粮食卖给我们。要开放粮食贸易，对25公斤以上的粮食也应准许流通，但要做到不准其流到敌占区，并且只准几家公司做粮食生意，违者照官价收买。只要有实物为后盾，多发票子就没有关系。只要给公营和我们需要的私营工厂、企业的职工以基本保证，物价涨不涨关系也不大。现在公营的价格，如电价、火车运价都太低，等于我们从农民手中换来的东西统统不加区别地给了消费者。工业价格应当逐渐达到成本加利润，否则，会使工业崩溃。

根据陈云的意见，7月10日，东北行政委员会发布［东财］第13号令，主要内容是，在解放区境内，一切粮食，不分品种与数量，加工未加工，不分省县区村，皆得自由流通。任何机关、部队、团体或个人，不得加以封锁或干涉。在铁路运输上，取消运输证制度。如有故意封锁或干涉，当事人可以向各级政府控告，各级政府即依侵犯人民财产论处。

陈云打破常规，从实际出发，在禁止私商囤积的同时，允许粮食自由流通，收效显著。市面上粮食重新流通起来，缺粮区粮价下跌或趋向平稳，余粮区粮价上涨，全东北形成适当的市场价格，在粮食青黄不接的最紧要关头，粮价1个月只涨了百分之四五十，反而四五两月粮价更为平稳。

陈云对这样的效果非常满意。毕竟，粮价上涨是在他意料之中的，但暴涨势头在缺粮季节得到遏制，粮食在市面上又能重新流通，已经是通货膨胀下稳定市场的最好的结果了。陈云指示财经部门抓住时机，尽可能购入粮食。8月25日，陈云在东北局例会讨论物价问题时指出：现在的问题是，各种物资我们都掌握了，唯独粮食没掌握住。而粮食恰恰是领导物价的。要适当控制粮价，减少不合理的涨价，主要的办法就是掌握粮食。今年除向农民征收200万吨粮食外，还要再用盐和布收购40万吨，作为“垫脚粮”。有了粮食就能适当控制粮价，还可集中粮力发展农业副产品和应付中央的紧急需要或预防灾荒。

8月，陈云向中央报告了东北财经工作的情况，并预计物价走势和自己的对策。他提出：秋粮新征收以前，估计物价仍将逐步上涨。其中，粮价我无法控制，煤、盐、布、金及公用事业价则必须主动跟上粮价。又因淡月货币回笼不够，开支不减，必被迫发行货币。我应力求物价平涨而非暴涨。

陈云及时总结了财经工作中的成功经验，统一大家的思想。9月2日，陈云召集东北财经部门的30余名负责人开座谈会，讨论物价问题，指出：东北物价过去是布价带头；对苏贸易打通后，粮食有了出路，变成粮价带头，而且是缺粮区的粮价带头。过去物价所以暴涨，原因是禁止粮食自由买卖。7月10日，粮食流通开禁后，流量多了，各省要救济粮的电报不见了，价格上涨的速度也慢了，有的地区价格还低于7月10日以前。因此，稳定粮价的根本办法是开放粮禁，如能早一点意识到这个问题，粮价不至于由每斤190元涨到1400元。今后，粮食要在严防囤积居奇的条件下，继续大开放。政府要用官价再多买进一些粮食。手中有了粮，就可朝城市全面实行粮食配给方向前进。市场粮价抬头，我们可以抛出粮食；粮价便宜，再往回收购。

陈云的预计是准确的。虽然9月里还出现了粮食价格的猛涨，但已是强弩之末。10月份秋粮一上市，粮价立即平稳下来，东北经济胜利闯过了难关，财经部门掌握了充足的粮草和其他重要物资，不但能应付市场和出口的需要，还为东北野战军提供了可靠的后勤保障，为即将解放的城镇做好粮食供应准备。东野百万大军粮弹充足，以雷霆万钧之势，向辽沈战役的最前线挺进。

接管沈阳

1948 年 9 月，东北野战军发起辽沈战役，只用了短短两个月的时间，就像秋风扫落叶一般，歼灭了几十万敌军。

解放军进展神速，也冒出来一大难题：怎么样才能妥善接收新解放的大工商业城市？

这时候，陈云交出了一份很好的答案。

10 月 28 日，东北敌军主力 10 万人在辽西被歼灭，沈阳敌军乱作一团，毫无斗志，东北全境解放指日可待。10 月 27 日，中共中央东北局决定，以陈云为主任，抽调新老干部 4000 人，组织沈阳军管会，接管沈阳。

时间太紧迫了！28 日，在接管工作动员会上，陈云只用半个小时，就把接管沈阳的方针、任务、方式、方法、应注意事项，讲得一清二楚。第二天，接收人员乘火车从哈尔滨出发，前往沈阳。在列车上，陈云还抓紧时间开会讨论接管工作。

11 月 2 日下午 5 点，沈阳解放。就在这天黄昏时分，军管会主要人员共乘 17 辆大小汽车，开入刚刚解放的沈阳城内。夜色朦胧中，市内大街上没有灯光，很是寂静，敌军散兵还在三五成群地游荡着。

由于准备工作做得细、做得及时，接管工作非常顺利。工厂、学校、机关和企事业单位的房屋、设备器材、仓库物资一般没有遭到破坏。进城第二天就通了电，第三天电话全部接通，第四天沈阳与外地的邮政通信恢复，第五天电车开行，自来水供应恢复正常。

到11月6日，各系统接收工作已经完成，沈阳开始呈现出新的面貌。大街上，成批的青年高歌行进，墙上的红绿标语与街道上的白雪相映成趣（沈阳5日下了入冬第一场雪）。电车在城市里穿行，新华广播电台发送的电波在城市的空中飘荡，市场重新开始营业，工厂纷纷重新开工，人们又开始上班、购物，报贩又开始在街上叫卖报纸。沈阳与外地的铁路交通也开通了。到12月25日，每天有96列客货车进出沈阳，绝大部分工厂已经恢复生产。

虽说进城前陈云已经作了周密布置，但接收中总有很多事前想不到的突发事件，陈云都一一妥善处理了。转移沈阳剩余军火，就是一个突出的事例。

那时候，沈阳城里还有大批国民党留下来的弹药、武器和其他军火，如果发生弹药连环爆炸，大半个沈阳就会被炸毁。敌人的飞机也专找这些军火库来炸，情况十分危急。

接收人员火速报告陈云，陈云听了汇报马上决定："立即转移!"他迅速组织运输力量和领导班子，全力组织抢运弹药。从哈尔滨来的几百名技术干部和技工与铁路员工一起，顶着敌机的狂轰滥炸，3日当天就星夜疏散弹药48车皮。得知内情的本地人大为惊异，他们过去只听人说共产党都是山沟沟里出来的土包子，没有技术，而眼前这些共产党人在炸弹威胁下毫无惧色，熟练地把一列列满载弹药的火车疏散出去，令人刮目相看。

几个昼夜抢运疏散，绝大部分弹药、枪炮未受损失，使沈阳城避免了一场大灾难。陈云非常高兴，事后以军管会名义嘉奖了抢运工作中的6位功臣。

陈云很重视总结经验，在入城后不到1个月，他写了《关于接管沈阳经验简报》，电告东北局并转报中央。沈阳的经验，解决了接管大城市工作中的两大难点，即怎样做到接收完整和怎样迅速恢复秩序。简报总结了5条具体经验：（1）入城后首先要恢复电力生产与供应。（2）要迅速解决市场及金融物价问题。（3）对旧警察必须收缴枪支，让其徒手服务。（4）迅速出版报纸，稳定人心，宣传党和政府的政策。（5）工资问题需要妥善解决。他还根据沈阳经验，在简报中建议中央和各战略区野战军，准备专门接收大城市的班子，待工作告一段落，移交给市委、市政府等机关。这样，接收班子可积累经验，其中骨干可转成专职，接收各大城市。

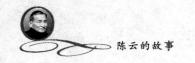

中央认为这个报告很好，作为成功的经验转发给了各中央局和各野战军前委。稍后，中央要求东北局将接管沈阳、长春两个城市的人员组成两个班子，为南下接管大城市之用，并从沈阳接管人员中抽出二三十个得力骨干调给任天津军管会主任的黄克诚，前往天津参加接管工作。

当然，接管工作中也有教训。陈云后来指出，接管沈阳有一条重要教训，即入城后不应立即将所有监狱犯人释放。有支部队冲进监狱后，还是搬用过去那种开仓济贫、解救受苦百姓的老经验，以为敌人监狱关的肯定都是受苦受难的老百姓，于是不经请示，就不分青红皂白打开牢门，把关押的人犯全都放跑了。这下如同打开了潘朵拉的盒子，因为监狱里关押的有几千刑事犯，这批人放出去后，趁乱搞枪枝弹药，拉帮结伙，打家劫舍，杀人越货，极大地破坏了社会治安，沈阳当时有三分之一到三分之二的盗窃案是入城后释放出狱的犯人所为。陈云总结这一教训时说，正确的做法应该是将政治犯迅速释放，老盗窃犯、土匪等应继续拘留，分别处理，这样社会治安会更好。

千万不可以功臣子弟自居

1949 年 5 月，陈云的家乡青浦解放了。自从 20 年代参加革命，几十年没有回过故乡的陈云，十分记挂家乡的亲人和朋友，这时候他写了封信到青浦练塘镇，打听他们的消息。

陈云有个战友叫陆铨，家在青浦县小蒸乡。他的家人听说陈云来信打听他们的下落，就由他的儿子陆恺悌给陈云写了封信，叙述分别 20 年来的艰难困苦生活，还在信里向陈云讲述了渴望读书的心情。

得到老战友家人的消息，陈云自然非常高兴。当年陆铨曾经与陈云一起在家乡搞农民运动，抗战后奔赴延安，与家人失去联系。他的父亲陆少泉是个中医，陈云当年在小蒸乡搞农民暴动就住在他家，暴动的指挥中心也设在那里。暴动失败后，他们一家为躲避国民党反动派的搜捕，全家转移到上海闸北，继续支持革命。陈云在上海搞地下工作时，经常吃住在他们家，而他们一大家子人都靠陆少泉行医维持生活，老人家在这样的困境中无怨无悔。陈云对这位革命老人非常尊敬。

陈云小时候父母双亡，是舅父收养了他。此恩此情他当然铭记在心，但多年为革命奔走他乡，他无暇顾及他们，舅舅的儿子廖霓云身体不好，日子艰难可想而知。

家乡亲友为了革命事业作了贡献，吃了很多苦、受了很多罪，一旦革命胜利了，他们会不会因此骄傲起来呢？此时，陈云高兴之余，又多了一层担心。他们参加革命，是为了全国人民过上好日子，可不是为了自己的私利。想到这里，陈云给陆恺悌写了一封回信，信中很不“客气”地说：

“你和霓云千万不可以革命功臣的子弟自居，切不要在家乡人面前有什么架子或者有越轨违法行动，这是决不允许的。”

“我与你父亲既不是功臣，你们更不是功臣子弟。这一点你们要切记切记。要记得真正革命功臣是全国老百姓，只有他们反对反动派，拥护解放军，解放军才能顺利地解放全中国。”

在组织安排关怀下，陆恺悌读书的愿望实现了，他进了北京师范大学附中，这所学校对干部子弟要求十分严格，有违反学校纪律的，就在同学中开展严肃的批评，对干部子女的入党入团，要求更高。陈云勉励他：你年纪还轻，要从头学，打好基础。他要陆恺悌学好科学技术，以后为新中国的建设事业贡献力量。要求他生活俭朴，养成勤劳的习惯，在假日里自己洗衣被，做些家务。

陈云对他很关心，逢到假日，就让他住到自己家里。陆恺悌看到了陈云为国家日夜操劳，领导财经工作，听到他经常在深夜里还在拨算盘的声音。后来，陆恺悌以优异成绩考入苏联鲍曼学院留学，陈云到苏联访问，还特地把他找去，询问学习和思想情况。

陆恺悌牢记陈云的教诲，长期从事电子技术科研工作。他说：“这封信对我教育最深的有两点，一是要树立共产主义必胜的信念；二是要洁身自爱，永远不可以功臣子弟自居。”

教训投机分子

1949年6月10日上午10点，10辆大卡车风驰电掣驶到上海证券大楼门口，从车上跳下来全副武装的人民解放军战士，迅速冲进大楼。不一会，从大楼各个房间里押出一大群人，集合到交易大厅里，当场宣布逮捕200多人。

证券大楼里，都是上海滩上的一些生意人，为什么解放军要抓他们呢？

原来，被抓的这些“生意人”，都是一些投机分子。他们投机的对象是银元。因为解放前国民党滥发钞票，钱不值钱，物价涨得很厉害，有时候甚至一天一个价、一时一个价，老百姓只好靠积攒些银元来保值。这年5月，解放军解放上海后，投机分子利用人们对纸币的不信任感，大搞投机，倒卖银元，哄抬物价，害得解放区发行的人民币进入不了上海的流通市场，严重影响了经济工作的开展。而上海是当时全国最大的工商业城市，上海不稳，全国财经工作也要受影响。

上海市的有关部门向中央请示办法。那时候，陈云担任了中央财政经济委员会主任，统一管理全国的财经工作。为了安定民心，推广人民币，在对情况进行了认真的分析之后，6月8日，陈云签发中财委致华东财委电，决定禁止金银和外币自由流通，用强硬手段查封投机分子的“大本营”——上海证券交易所，严惩投机分子。这样，就有了前头的那一幕。

投机分子虽然受到沉重打击，但他们还不死心，还想利用人民政权的经济困难大捞一把。

那时候，解放战争还在进行，政府军政费用支出很大，而国民经济因为连年战争破坏，政府财政收入很少，主要靠公粮。陈云考虑，秋收后农民正要卖粮，如果这时候政府也变卖大量公粮，市场粮价就会暴跌，影响农民的生活和来年的生产。为此，他要政府部门不要卖粮，财政支出的差额，只好先靠增发钞票来应付。

钞票发多了，市场物价就涨得很快。年初以来几个月的时间里，物价就猛涨了两次。

这年 10 月 15 日，物价又开始猛涨。投机分子以为机会来了，大肆抢购粮食、棉纱等生活必需品，想着趁价高的时候再把货抛出去大赚一笔。本钱不够，他们就借高利贷。投机资本兴风作浪，加剧了市场动荡，物价每天涨百分之一十到百分之三十，在不到 1 个月的时间里，大米、棉布都涨了 3 倍多，引起老百姓的恐慌。

面对如此严峻的形势，有人惊慌失措。中央人民政府开会的时候，有的政府委员甚至提出：物价如此涨下去，人民币将很快同国民党的金圆券一样不值钱！陈云在会上胸有成竹地回答说：在财政经济方面，国家当前确实遇到了困难，公粮、税收还没有收上来，要物价马上稳定还做不到。但在几个月后物价就可以稳定，这么说是有根据的。第一那时候公粮征到手，几百万脱产人员的田粮不必用钞票买了，公粮变卖还可抵顶财政开支；第二各项税收正在征收，收到现钱即可少发钞票；第三各地的贸易公司正在积极地开展业务，到时候即可掌握大宗的花纱布和粮食，稳定物价就有了重要手段。

投机分子这么猖狂，陈云决心狠狠地教训他们。

为了震慑投机分子，安定民心，10 月 20 日，中财委急电东北，要求紧急调拨一批粮食支持华北市场。为求万无一失，陈云派干部赶往东北，坐镇沈阳，保证东北每天发一个列车的粮食到北京，由北京市在天坛打席囤存粮，必须每天增加存粮席囤，要让粮贩子看到，国家手上有粮食，在粮食方面无隙可乘。

这一招果然奏效，北京、天津的粮贩子看到东北的粮食源源不断地送往北京，北京还有 16 家投机粮商遭到逮捕，他们的行为收敛了许多。

陈云分析，当时货币发行太多，物价可能涨两倍，超过这个限度，是投机分子哄抬物价的结果，这也是他们的赚钱之道。只要把物价稳定在只涨两倍的基础上，就断了他们的财路，使他们遭到灭顶之灾。为此，他在 11 月 13 日发了一个电报，周密部署了对付投机分子的战略：

（一）以上海、天津两地 7 月底物价平均指数为标准，力求只涨 2 倍或 2. 2 倍。

（二）东北自 11 月 15 日至 30 日，须每日运粮 1000 万至 1200 万斤入关，以应付京津需要。东北及京津贸易公司须全力保证装卸车，铁道部则应保证空车回拨。

（三）为保证汉口及湘粤纱布供应，派钱之光先到上海，后去汉口，适当调整两地纱布存量，以便行动。同时催促华中棉花东运。

（四）由西北财委派员将陇海路沿线积存之纱布，尽快运到西安。

（五）财政部须自 11 月 16 日至 30 日于德石路北及平原区，拨交贸易部 2. 1 亿斤公粮，以应付棉产区粮食销售。

（六）人民银行总行及各主要分行自电到日起，除中财委及各大区财委认为特殊需要而批准者外，其他贷款一律暂停。在此期内，应按约收回贷款。何时解禁，听候命令。

（七）各大城市应将几种能起收缩银根作用之税收，于 11

月25日左右开征。

（八）工矿投资及收购资金，除中财委认可者外，由各大区财委负责，自此电到达日起一律暂停支付。

（九）中财委及各大区财委对各地军费（除去仓库建筑等）应全部拨付，不得扣压。但请当地党政军当局叮嘱部队后勤负责人，不得投入商业活动。

（十）地方经费中，凡属可以迟发半月或20天者，均应延缓半月或20天。

（十一）目前各地贸易公司，除必须应付门售外，暂时不宜将主要物资大量抛售，应从各方调集主要物资于主要地点，并力争于11月25日（至迟30日）完成；预定11月底12月初于全国各主要城市一齐抛售。为了解各地准备情况及避免抛售中此起彼落，各地需将准备情况报告中财委，以便大体上统一行动日期。

（十二）对于投机商人，应在此次行动中给以适当教训。为此：（甲）目前抢购风盛时，我应乘机将冷货呆货抛给投机商，但不要给其主要物资。（乙）等到收缩银根、物价平衡，商人吐出主要物资时，我应乘机买进。

这封电报是陈云起草的，充分体现了他领导打击投机、对付通货膨胀的高超艺术。电报中，没有要求各地将物价硬压回涨前价位，而是考虑通货膨胀的实际情况，实事求是地要求各地将其稳定在涨两倍的基础上。在时机选择上也等到有稳定可能之时再动手。这样，就将通货膨胀因素与投机因素造成的物价猛涨区分开来，将打击的力量真正落到投机资本上。

电报起草完后，当晚即上报中共中央。周恩来阅毕，在电报上批示："如主席未睡，请即送阅。如睡，望先发，发后送阅。"毛泽东历来有晚上工作的习惯，电报送到他那里，他当即批示"即刻发"。这种争分夺秒的势头，丝毫不亚于一次大战役。

11月25日，根据中财委命令，全国采取统一步骤，在上海、北京、天津、武汉、沈阳、西安等大城市大量抛售粮食、纱布等物资。开市时，上海等地的投机势力还不知死活地抢购，但他们越抢，国营公司抛售得越多。而正在他们资金紧张的时候，银行不给他们贷款了，还要清收到期贷款，给他们提供高利贷的地下钱庄也叫人民政府给查抄了，收税的人又找上了门，还得准备花钱买国家的公债。投机分子资金应付不过来，市场物价眼看着一天天落下来。投机分子一看大事不好，赶快抛售。这样一来物价落得更厉害，投机分子叫苦不迭。有的人赔得血本无归，赶快逃走，还有人甚至自杀了。而上海和全国的物价迅速稳定下来。10月涨风平息下来以后，陈云仍然对残余投机分子保持了高度警惕。为了防止他们卷土重来，陈云领导中财委在全国范围大规模调运粮食，因为投机分子常在春节前后进行粮食投机。当时为了尽快把粮食运到上海，甚至出动了军舰。

不出所料，上海等地的投机势力，在经历了两次打击之后，劣性不改，在暴利的驱动下还想与人民政府较量。春节前后，他们千方百计大量囤积粮食。但是由于国营粮店抛售，春节过后粮价并没有涨，投机分子亏了老本。经过这几个回合的斗争，投机势力的猖狂气焰被遏制，再也无力在市场上进行大规模的投机了。

不拜年

建国初期，财经工作头绪纷繁，斗争极其紧张。当时担任中央财经委员会主任的陈云，日夜操劳，每天只能休息一会儿。但他密切注视着市场情况，仍然挤出时间逛商场、看商店，察行情、听意见，亲自到一线搞调查研究。他每月都抽出一些时间，到北京王府井大街、前门大街、东单菜市场、天桥商场等地方作调查，看日用百货、蔬菜、肉食等的供应情况和物价变化动态，听取群众的意见，从中研究带全国性的问题。

1950 年秋的一天傍晚，中财委机关值班室给陈云家里打电话，请陈云尽快处理一件公事。接电话的人告诉他，陈云还没有回家。

值班干部一看表，下班已经 1 个小时，平常的话，陈云这时候应该到家了。当时解放不久，社会治安还不太平静，大家警惕性都比较高。值班的同志担心陈云的安全出什么意外，立刻派人出去寻找他。后来才发现，这只是一场虚惊。

陈云哪里去了？他到王府井看霓虹灯去了。

在大上海当过店员的陈云，当然不会对霓虹灯感到希奇。他那天下午听人说王府井的霓虹灯很好看，马上联想到经济形势。一年来，国民党留下来的经济烂摊子，被人民政府接收后，迅速转变，特别是通货膨胀得到了根治，市场由剧烈动荡转趋平稳，人民群众拍手称快。但是长期适应过去市场环境的民族工商业，一时难以跟上这种变化，出现因为经济“刹车”

过猛的“后仰”现象，入春以来，遇到了很大的困难，霓虹灯作为经济繁荣的一个标志，也逐渐暗淡下来。中共中央提出调整工商业，用向民族工商业者加工订货等办法，帮助他们渡过难关。

陈云领导财经机关认真贯彻这一决策。为了做好加工订货工作，陈云亲自同上海纱布业巨头荣毅仁、郭棣活、刘靖基等商量，由国家保证供棉，由他们保证生产棉纱、棉布，国家给代织代纺的工缴费。纱布业的加工订货就成为一个样板。对工缴费、经销、代销的费用都从宽，使他们有利可图，乐于接受，积极生产。

事后，一些著名的私营工商业者，如上海的胡厥文、盛丕华、郭棣活等人都发表感想说，党和政府这样信任我们，与我们一道商量，告诉国营工业生产多少，让我们生产多少，满足我们的生产能力，平衡供应和需求的数字，这种态度与方针使我们很受感动。在国民党当政的 22 年中，从未这样与我们商量过。所以很感激党和政府，回去我们要努力生产。

当时，国家与私营工商业在税收关系上也有一些紧张。当时税收制度还不尽完善、合理，有的不太合理。工商界有位代表人物徐永祚，是著名的会计师，他来北京开会的时候，对税收政策提出了很尖刻的六字批评：“重（负担重）、重（税项重复）、追（征收过于急迫）、苛（计税太严）、细（征税对象太琐细）、扰（征税时对经营者的利益考虑得不周到而影响经营）”。这个批评是很难听的，但陈云并未因此生气，而是认真地研究了他所说的情况。在一次会上，他幽默地说，现在有人称“万岁”是“一万种税”，有关部门可要好好注意检查。

几个月过去，情况大有好转。具体情况怎么样了？陈云很希望能有个直观的印象。这样，他下班后，就没有直接往家里

赶，而是顺路来到王府井调查。他看到商店里商品充足，顾客很多，特别是好多商店门外长期关闭的霓虹灯都开亮了，把整条大街映照得灯火通明，给夜色下的王府井商业街带来一派繁华景像。

看到这一切，陈云想到，这说明调整工商业政策已经取得显著成效。他心里非常高兴。回到家里后，他立即给周恩来总理打电话，告诉他自己在王府井看到的情景，周恩来听说以后，也感到十分高兴。

春节前一天，陈云在办公室召集一部分部长开会研究经济工作问题。会议结束时，陈云讲了他对所讨论的问题的意见以后，话锋一转说：明天就是大年初一了，我建议大家春节不要拜年了。我不给你们拜年，你们也不要给我拜年，互相之间也不要拜了。春节放假这几天干些什么事呢？我建议大家呆在家里，泡上一杯清茶，坐在沙发上，闭上眼睛想一想，过去这一年干了几件什么事情，哪些做对了，哪些做得不对或不完全对，有些什么经验教训，很好总结一下。也想一想明年抓几件什么事，怎么干法，部长们点头称是。

“一毛不拔”

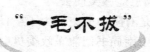

建国之初，财政部门有一个“封号”，叫“一毛不拔”，因为他们手头抓得非常紧。而且陈云还支持他们这种“一毛不拔”。

建国之初，百废待兴，要用钱的地方多得很。可是国民经济经过连年战争的破坏，已经濒于崩溃，再加上天灾不断，工农业生产受到很大影响，人民生活十分困难。再加上财政体制还不很健全，因此财政吃紧，收入不多，支出浩大，有时候不得不靠发钞票应付。

对于发票子，中财委当时非常慎重，极力控制货币发行。货币需要投放多少、什么时间投放、怎样投放等等问题，在作出决定以前，陈云和薄一波都要人民银行的南汉宸、曹菊如先提出意见，然后再把贸易部的叶季壮、姚依林和财政部的戎子和等人找去，一起分析研究估量对财政收支、商品供应和市场物价的影响，然后再确定方案，向周恩来报告，签批后执行。

靠发钞票过日子总不是办法，后果很严重。陈云是把平抑物价、稳定市场安排好人民生活作为当时财政经工作的主要任务，他说，物价必须稳定，并且要及早稳定。物价早稳定一天，全国人民就少受一天痛苦。物价上涨、币值下跌，吃亏最大的是城市里靠薪资为生的工人及军政人员。必须把税收征上来，想方设法最大限度减少赤字，做到收支平衡。陈云要求财政部门努力开辟财源，见着财政部戎子和，他总要问他：“戎子和，还有什么收入可挖吗？”戎子和就回答：“凡是可以挖的都挖了。”陈云满意地微笑而去。

加强征税，总是有阻力的，但为了早日稳定物价，也不得不如此。当时担任中南局书记兼军政委员会主席的林彪对财政工作很有意见。一次，他从武汉来到北京，向毛泽东反映说：现在财政上是“竭泽而渔、杀鸡取卵”。毛泽东听了以后，就把负责财政工作的陈云找去，问他：“林彪来过了，他反映现在财政上是‘竭泽而渔、杀鸡取卵’，究竟是怎么个情况？”他要求陈云安排财政部门负责人向他汇报一次情况。

过了几天，陈云就带着负责财贸金融的薄一波、姚依林、南汉宸、戎子和等人，来到毛泽东在玉泉山的住所，向毛泽东作专题汇报。他们认为，在经济基础还十分薄弱的情况下，财政工作既要保证革命战争等各种供给，又要稳定市场，克服通货膨胀，还要有利于恢复和发展生产，恢复时期的财政工作任务十分艰巨。为了减少赤字，控制货币发行，稳定市场物价，农业税收及工商税收稍微重一些也是不得已而为之的做法。

听完汇报后，毛泽东明确表示：“同意你们的意见，我支持你们。”几个汇报人甚感宽慰。毛泽东一看已快到开饭时间，就把他们都留下来，招待他们吃了一顿大米和豆子混蒸的饭。

毛泽东了解情况以后，对财经部门的工作表示理解。1952年初的一次会后，与会者到中南海怀仁堂后面的食堂吃饭，毛泽东风趣地对身边的财政部副部长戎子和说：“子和，我们今天吃的饭可全是靠你征收来的。”戎子和回答得也很快：“我们还不是执行主席的财政方针和征收政策吗？所以，说到底还是吃主席的饭嘛！”毛泽东听了以后笑了。

周恩来也对财经部门的工作给予很大理解和支持。有一次，北京市委第一书记彭真和天津市委第一书记黄敬一起向周恩来反映，说财政部对北京、天津的城市建设费用卡得太紧了。周恩来听过他们的反映后，也感到是这么回事，应该给他们多解决一些城建经费。周恩来就把财政部门的人找来商量说：如果不是城建经费特别困难的话，彭真和黄敬不会直接来找我，财政部看看能不能解决一下。解决多少，还要请陈云召集你们同彭真、黄敬共同商议解决。

由于财政经济状况还不尽如人意，当时财政部门手头抓得很紧。国家财政拨款，往往满足不了各部门、各地区的要求，有的甚至是合理的低限度的要求，有些部门和省市对财政部门意见比较大，常常大加责难，甚至直接向毛泽东、周恩来等人告状。林彪反映意见、彭黄二人告状只是其中的两个例子。政府会议上，财政部门经常充当受气包的角色，屡遭“围攻”，都对他们的工作不满意。周恩来每次都对反映意见的人说，你们的困难我了解，我一定将你们的意见转告财政部，要他们考虑。但周恩来从来不因为自己是总理，就独断专行，从来没有不同财政部商量就批条子指示财政部拨款，也从来没有因为拨款的事情在公开的会议上或在私下里批评财政部。

陈云在第一线，矛盾更是集中在他身上。他深知财政部门要把住支出的口子是很困难的，来自各方面的压力很大，因此他更加理解和支持属下的干部。他自己在处理问题时从不随意开财政的口子，遇事总是先同财政部门商量，要财政部门先提出意见。他曾诙谐地对人说：“要钱不要找我，去找戎子和老板。”财政部门遭到围攻，感到压力太多时，他都站出来支持说，财政工作就是要严格执行预算，控制支出，不该花的钱就是要“一毛不拔”。有陈云在后面支持，财政部门执行起政策来感到腰杆硬多了，但财政部门“一毛不拔”的说法也在各部门和地方传开了。

为了让各地加强对财政工作的领导，充分尊重和支持财经部门的工作，在中共七届三中全会前夕，根据毛泽东的意见，中共中央致电各地："各中央局主要负责同志必须亲自抓紧财政金融经济工作，各中央局会议必须经常讨论财经工作，不得以为只是财经业务机关的工作而稍放松，各分局、大市委、省委、区党委亦是如此。中央政治局现在几乎每次会议都要讨论财经工作。"

在中共中央的领导支持下，经过财经部门的艰苦努力，全国财经形势出现重大转折。1950 年 6 月 6 日，毛泽东宣布："我们现在在经济战线上已经取得的一批胜利，例如财政收支接近平衡，通货停止膨胀和物价趋向稳定等等，表现了财政经济情况的开始好转。"

技术人才是“国宝”

顾复生是一位农业科学家，长期致力于我国农业问题的研究，担任过江苏省农业科学院副院长，陈云跟他很熟悉。他经常向陈云反映农业方面的问题，陈云也常向他咨询农业生产知识。

顾复生患有耳聋的疾病，这给他从事农业研究问题带来了很大的困难。年纪越大，病情越严重。他十分苦恼。

陈云知道后，特地派他的秘书在北京买了一副进口的助听器，送给了顾复生。接到陈云的这份礼物，顾复生非常感动：这不仅是陈云对一位老朋友的关怀，也是对所有像他这样的农业科学家的关怀呀！

陈云对科技人才重要性的认识是很深刻的。现代工业生产都是社会化大生产，工业恢复和建设，没有大批技术人才和管理人才是不行的。建国之初，很多干部看不起知识分子，过去受资本家气的基层工人把技术人员和管理人员等都当作压迫者。1949 年 12 月 25 日的全国钢铁会议上，陈云指出，技术人才和管理人才都是我们的“国宝”，是实现国家工业化不可缺少的力量，要很好地使用他们。技术人员在思想政治上几年来有很大的变化，不应该再用老的眼光去看待他们。对技术人员要采取信任的态度，在物质上也应有必要的保证，不要使他们有家庭之累。搞建设，不能光有战斗精神，还要掌握科学技术。

水利是百年大计

担任中财委主任的时候，陈云每天早晨一上班，就希望能看到各地的气象报告，从而了解天晴下雨气候冷热对农业的影响。他的办公桌玻璃板下总有一张气候情况表。他清楚地知道，我们国家的农业的基础比较薄弱，基本上可以说是靠天吃饭。

要想把农业搞上去，必须搞好农业的基础建设，兴修水利是重要的一条。建国才一个月，陈云就参与指导了全国各解放区的水利联席会议，确定了新中国的水利建设基本方针：防止水患，兴修水利，以发展生产。虽然那时候国家财政上捉襟见肘，十分困难，陈云还是对水利建设倾注了极大的热情。在他领导下，1950 年一年国家财政支付的水利费用，就达到国民党统治时期水利经费最高年份的 18 倍。

当时，华北地区缺水现象比较突出，经常发生春旱的问题。为了解决这个问题，他建议打机井抗旱，并让有关人员作一个打井计划给他看。计划做出来送他审阅，他说计划还可以，又问，打井机器用多少钢铁算过没有。他还说，打多少口井，需要多少打井机器，造机器要用多少钢铁，都要考虑配套，否则计划要落空。

各地迅速行动起来。陈云对这项工作极为关注，很快就发现了其中的一些问题。比如：打井的时候没有注意因地制宜，不该打井的地方也打了井，有的地方不需要打井，有的地方本来就没有水源，还有些涝洼的地方，都提倡打井，那就不对了。还有的地方，干部搞强迫命令，影响群众的情绪和热情。有的地方指标定得很高，一点都不切合实际。此外，提水、修理渠道、平整土地等等技术方面的具体指导跟不上。还有的地方，兴修水利的时候挤掉了副业生产，害得农民连买油盐的钱都没有。这些问题，他都及时提出，要求在工作中注意改正。

1957 年，陈云归纳了我国解决吃穿问题主要办法，提出：一个是化学工业，一个是水利，这两项，可以对农业增产起很大作用。

前方后方

1950 年 10 月，中国人民志愿军跨过鸭绿江，进入朝鲜，帮助朝鲜人民抵抗美国侵略。年轻的共和国在恢复经济的任务还没有完成的情况下，又增添了支援前方作战的任务。

战事一起，作为财经工作领导人，陈云感到压力很大。他提出，财经工作要保证前方作战的需要，还要稳定国内市场，并搞一些必要的建设。战局基本稳定后，他又积极贯彻毛泽东提出的“边抗、边稳、边建”的财经方针。为了应付好复杂的局面，他费尽心血，夜不成寐。

虽然后方也做了不少工作，但难免有一些疏漏。在后方看来也许难免，但前方正在作战的紧张关头，一点纰漏就成大问题，因此前方有些不满。特别是在抗美援朝战争初期，头绪纷繁，经验不多，还有许多一时难以解决的问题，国内对前方军事物资的供应一时没有跟上。

在前方指挥作战的彭德怀为此大光其火。彭德怀秉性耿直，尽人皆知。但他的脾气暴躁，也是很有名气的。他给周恩来总理打电话说，后方供给是谁主持的，这么差，要砍头的！

周恩来没有多说什么，他找陈云讲，无论如何找总后勤部部长杨立三、财政部的戎子和等人开个会，成立一个小组，研究解决抗美援朝的经费和后勤供给问题。

陈云立即行动起来，虽然他因事没有亲自到会，但他派中财委宋劭文代表他作为小组组长主持会议。小组成立后，陈云指示他们：你们每周或者每两周开一次小组会，商议解决抗美援朝的供给问题。你们解决不了的问题，送给我来决定，我不能决定时再送周总理解决！

有了这么一个小组专门研究解决抗美援朝供应中出现的问题，后勤保障顺畅多了，出现问题也能及时发现并作恰当处理，彭德怀再也没有对此说过不满意的话。

不能拿老百姓的钱开玩笑

建国之初，党的工作重点从农村转移到城市，对财经工作干部提出了新的要求。过去是供给制，军队打到哪里，一个县委书记，一个县长，一个税务局长，收、付等等都是这几个人。建国后有了一整套的财经制度，许多人还很不习惯。如解放初的银行干部，过去大多是背干粮袋、当勤务员、警卫员的。过去让他们管金库，领导上只要告诉他："你就睡在那个装钞票的麻袋上边，不要丢掉就行。"但现在管钱，借款、存款、缴税，都要到银行里去，有的人连账都算不清，很不适应。

正因为这样，当时财经工作中出现了一些问题，引起了陈云的注意。

解放初期，为了增加财政收入，要整顿税收。这主要是指加强对大宗货物如纱布、烟草等的税收，并没说鸡毛蒜皮都要收税。但税率发表后，税目没有发表，底下一些"认真"的干部，不清楚哪些该收税，哪些不该收税，只好什么都收。结果有的地方甚至在鸡蛋上也贴上了印花税票。

好不容易收了税，但因为大家头脑里经济核算的观念不强，花了很多冤枉钱。

以前，在太行山区修过铁路，大家都很热心。但事先没有作好核算和设计，很快就从两头开始修建。好不容易快修完了，中间碰到一座大山，过不去，没办法，只得将铁路拆掉。

有个地方发现有煤，于是不管三七二十一，买来机器，盖好房了，就往地下挖，挖下去以后，发现煤层很薄，根本没法开采，只好停止。

还有一次修运河，运河挖好后，放水的时候，中间的一个地方是沙底子，水到那里后都漏掉了，运河也白修了。

天津要盖一座仓库，有位领导干部也像过去打仗一样，一看地形，说：这个地方很好，就在这里盖房子。房子盖好后，一下雨，仓库塌下去了。

这些现象令陈云深感痛心。这些事情，出发点当然都是想办好事，但由于对业务工作不熟悉、不精通，结果好事办砸了。

1951 年 4 月，陈云谈到干部业务素质问题的时候，毫不客气地说："我们的干部大多数过去长期在农村工作，经济知识很少。去年虽然实行了财政经济的统一，稳定了市场，建立了贸易公司，办了合作社，但我们的经济干部，同一个普通资本家比较，还是外行。我们靠的是集体力量，有我们的党，有我们党领导下一套经济机构，才有作用。如果一对一的和人家比，是比不赢人家的。"为此，他教育大家尽快熟悉业务知识，形成经济核算的观念。

1951 年，针对国家办的贸易公司只知道完成任务，不搞经济核算的问题，陈云要求："贸易公司要搞经济核算。""要搞的是经济，不要搞'政治经济'。譬如，货物从上海出厂，转到天津、北京再到保定，然后再到石家庄，这个路线不是按经济原则，是按着政治系统，像这样做买卖怎么能不赔账呢？这叫货物旅行。翻毛大衣应摆在天津、上海或北京去卖，但却拿到西安去。再如，天下雪了，发去的货物却是汗衫。私人资本家是不会这样干的。我们是依靠国家机构，按真正的经济原则来讲，统统要赔钱。"

不但做买卖要搞经济核算，陈云认为办工厂、办企业也要搞经济核算。这实际上是针对过去“供给制”思想提出的一种新的经济工作方针。许多干部在过去供给制的条件下工作习惯了，新的条件下，让他搞经济核算不习惯，动不动就说：“你还不信任我吗？你把钱给我，我负责就行了。”陈云反复强调：“搞基本建设，事前一定要设计。一般的工厂设计工作要一年以上，要看这个地方的地层怎么样，水够不够，水的化学成分对锅炉有什么损害，等等。我们是从乡村出来的，往往不大懂这一套。我们现在还不会，要从头学起。必须学会经济核算，算一算账，力求省一点。”

他还语重心长地指出：“我们是政治家、军事家，还不是企业家。外行办事总是要吃亏的。偶然浪费少数钱尚可请人民原谅，老是浪费，年年如此，人民是不能原谅的。钱是老百姓的，我们不能拿老百姓的钱开玩笑。”

主持"一五"计划的制定和实施

1840 年，帝国主义的坚船利炮轰开了中国紧闭的国门，一代代仁人志士为中华民族的救亡图存，开矿山、办工厂，做着实业救国、富国强民的梦想。然而，在帝国主义、封建主义、官僚资本主义的摧残挤压之下，中国的民族工业始终难有大的作为。

新中国的诞生，使中国工业化梦想有了实现的希望。随着国民经济迅速恢复，从 1953 年起，中国开始了大规模经济建设。作为新中国财经工作的领导人，陈云满怀信心地投入了这一伟大事业之中。

要进行大规模经济建设，必须编制切实可行的计划。陈云当时是中财委的主任，负责主持全国的经济工作，因此，编制经济发展计划的任务也历史地落在了他的肩上。

1951 年 1 月 28 日，中央政治局扩大会议提出了"三年准备，十年计划经济建设"的重大决策，即再用 22 个月的时间进行准备，从 1953 年起开始实施第一个五年计划。

根据周恩来的提议，中共中央决定成立由周恩来、陈云、薄一波、李富春、聂荣臻、宋劭文等 6 人组成的领导小组，负责组织领导第一个五年计划的制定。

在陈云的组织领导下，中财委 1951 年试编了一个五年计划的粗略的纲要。这也就是我国第一个五年计划的首次编制。由于当时资料不全，战争还在进行，全国经济建设的大局也还未定下来，特别是还未能争取苏联的全面援助，因此，这个计划纲要只能是一个试验，不可能作为正式的计划。

进入 1952 年，经济形势进一步好转，国民经济恢复的任务即将完成。党中央决定加快第一个五年计划的编制，并决定计划编制好后，8 月份拿到苏联，征求老大哥的意见，争取他们的帮助。5 月 21 日至 6 月 5 日召开的全国财政会议，对第一个五年计划再次进行了酝酿和讨论。

在陈云领导下，中财委开始第三次编制第一个五年计划草案。7 月，五年计划的第二次编制完成。8 月，中共中央决定组织代表团，以周恩来为团长，陈云、李富春为副团长，带领 30 多名专家访问苏联。

当时没有大飞机，一架飞机只能坐 16 人。中共代表团分乘三架飞机，从北京西郊机场起飞，飞了三天，第一晚在伊尔库斯克，第二晚在新西伯利亚，第三天才到莫斯科。到达莫斯科后，陈云和我国的专家一起，在离地那莫体育场不远的苏维埃旅馆下榻。

这次代表团的主要任务是就第一个五年计划和苏联有关方面交换意见，重点是争取苏联的援助。在莫斯科，周恩来、陈云等与苏方代表进行了长达一个月的会谈。期间，周恩来和陈云两次会见了斯大林。

经过一个多月的紧张工作，会谈取得了圆满的成功，苏联同意帮助我们设计一批企业并提供设备。争取到苏联对中国工业化的援助，是这次访问的最大成果。一个工业化的大国，全国帮助一个落后的农业国实现工业化，这是当时社会主义国家间国际主义的无私体现，为中国经济的发展提供了千载难逢的历史契机。

在大局已定的情况下，9 月下旬，周恩来、陈云先行回国，留下李富春和一大批专家与苏联专家一起做进一步的工作。

回国后，1952 年底、1953 年初，陈云根据苏方的建议，组织中财委，对“一五”计划进行了第三次编制。由于长期夜以继日的工作，积劳成疾，不久，陈云病倒了，并不得不从 1953 年 3 月起暂时离开工作岗位到外地休养。这样，编制“一五”计划的工作也暂停了下来。

1953 年，中国按预定时间表开始进行大规模经济建设，国民经济第一个五年计划进入边编制边实施的状况，这也是当时缺乏资料、缺乏经验和缺乏人才的特殊历史条件所决定的。后来把这种具有浓厚的探索色彩的编制过程，形象地称为“五年计划，计划五年”。

1953 年 3 月，斯大林逝世，但苏联对援助中国“一五”计划的态度仍然十分积极。4 月，苏联政府经过研究，就中国“一五”计划的问题提出了正式的答复意见，苏联帮助中国建设的一些项目也基本上确定下来了。于是，国家计划委员会根据这些意见，对“一五”计划进行了第四次编制。这一次，陈云因病在外地休养，未能参加。

但是，第四次编制的“一五”计划仍不能令人满意。而这时，按照预定的时间，“一五”计划已进入实施阶段了。特别是 1953 年 7 月朝鲜战争双方实现停战，对中国经济建设的外在威胁宣告解除，全力加快国民经济建设步伐的条件已经具备，五年计划编制工作的滞后成为加快经济建设步伐的重大制约因素。对此，毛泽东和党中央都非常着急。

1954 年初，根据工作发展的需要，中央决定成立由陈云、高岗、李富春、邓小平、邓子恢、习仲勋、贾拓夫、陈伯达组成编制五年计划纲要八人工作小组，由陈云任组长，加快“一五”计划的编制。4 月 19 日，中共中央正式发出决定，规定工作小组的任务是进一步研究“一五”计划纲要的工作发展速度，苏联援助的 141 个建设项目，投资比例，农副业、手工业和私营工商业社会主义改造的程度及稳定市场等问题。于是，陈云又投入了第五次编制“一五”计划的工作。

这一次毛泽东立下军令状，要求计划从 2 月 15 日起，一个月内交卷，拿出初稿，然后，由陈云领导的小组迅速定稿。计委的同志感到时间太紧，压力很大，向主席请求延长一些时间，毛泽东只给了 5 天的宽限，要求 3 月 20 日必须拿出初稿。

接到指示后，2 月 19 日，陈云立即召集中央财经、文教各部部长开会，布置编制“一五”计划的工作。会上，陈云传达了毛泽东的指示，同时指出：编制“一五”计划的工作不能再拖了。毛主席规定的时间非常紧，但现在编制“一五”计划有很多有利条件，首先，苏联援助我们的项目已经定下来了，项目是 141 个，设计和设备安装的时间也大致排好了，这就使我们更有把握了。其次，朝鲜战争已经停下来了，军费和意外的支出都减少了。第三，总路线已经宣布，而且经过广泛宣传已深入人心。第四，我们已经有了几次编制计划的经验。因此，短时间内完成这一任务是有可能的。

这次会上，陈云还要求大家学习毛主席的工作方法。他说：毛主席现在搞宪法的速度很快，他的方法是：一、吃饭；二、吃了饭不干别的事；三、每天搞出几条。我们也要采取这样的制度，专门来作，不要坐在上面，只等着下面的汇报。各部都要指定专人负责，搜集材料，核定数字。

会后，各部和计委根据陈云的指示，迅速展开工作，并按预定的时间及时向陈云提供了所需的材料。

接到计委和各部提供的材料后，陈云自己也组织了一个小组，这个小组由他和张玺、梅行、周太和、邱纯甫五人组成。张玺是计委的副主任，周太和和邱纯甫是陈云的秘书，梅行是请来的笔杆子。五个人昼夜兼程，开了 14 次会，用了 15 天的时间，将这些材料进行了归纳、整理，并于 4 月初最后拿出了五年计划纲要初稿。这一初稿于4月15日印好后，送到了主席手里。

计划初稿出来以后，1954年6月30日，陈云就“一五”计划的有关问题向中央政治局扩大会议作了汇报，这样，历时近四年，五易其稿，第一个五年计划总算有了一个可以拿出来的初稿。

10月，毛泽东、刘少奇和周恩来在广州集中一个月左右的时间，共同审阅了国家计委提出的《中华人民共和国发展国民经济第一个五年计划草案（初稿）》。

11月，陈云主持召开了十一次中共中央政治局会议，对“一五”计划的方针任务、发展速度、投资规模、建设重点、工农关系、地区布局和人民生活等重大问题再次进行了讨论，对计划稿提出了若干修改和补充意见。经过中央政治局讨论和毛泽东、刘少奇、周恩来的审阅，中央责成国家计委对五年计划纲要草案再作进一步修改。这些修改，基本上是以1954年编制的计划初稿为基础，没有再重新编制。

1955年3月31日，党的全国代表会议对陈云主持起草的“一五”计划草案进行了审议，并决定原则通过这一草案。6月，中央委员会根据全国党代会议提出的意见，对草案再次进行了修改。7月30日，全国人大一届二次会议审议并正式通过了“一五”计划。

对于“一五”建设各项目的实施，陈云极其重视。苏联援建中国的“一五六项”，最后实施的有150个项目，帮助中国建立起比较完整的基础工业体系和国防事业体系的骨架，起到了奠定中国工业化初步基础的重大作用。陈云领导财经部门，抓住苏联全力支持中国工业化这一难得的历史契机，争取并组织实施了成套工业设备、技术资料乃至管理制度的引进，又力求逐项摸透引进项目，在科学论证基础上消化吸收最新成果，最大限度发挥引进项目在中国工业化中的作用，提高管理现代工业经济的能力。他克服了经验不足的困难和急躁冒进的倾向，强调外汇平衡，要求从实际需要和可能来确定引进规模，使新中国第一次大规模成套设备引进进行得高效而平稳。

对引进的项目，陈云要求逐项审查论证，并从中学习、总结经验，不许草率从事。苏联帮助设计和建设的156项工业建设项目，不少是由陈云亲自召集专家、技术人员和有关干部认真审查后才决定具体方案的。有的项目，连给中央的审查报告都是陈云亲自起草的。

1952年2月4日，他在为中财委党组起草的审查哈尔滨铝合金加工厂初步设计议定给中央的报告中，建议："我们建设新型工厂没有经验，而过去的基本建设中已有很大浪费，因此对于每个工厂的建设计划及初步设计，应该认真地慎重地加以研究审核，这是一种极为重要的学习。今后，各级工业交通等部门凡是建设新厂，都必须切实审查设计，决不可草率从事。"中财委党组决定，建设50万元以上的新工厂需报中央，较大和大型工厂的初步设计议定书需经中财委党组审核，政务院党组和党中央核准；对于设计的审核工作力避拖延又必须切实认真。

搞大规模的成套设备和技术、管理制度的引进，当时并没有现成的经验可循。在这样一次机遇面前，干部中难免出现一些急躁冒进的情绪，看到好东西就想要。

陈云头脑很冷静。旧中国畸形的进出口商品结构和巨大的贸易逆差，使国民经济对外国资本产生严重依赖性。新中国的对外经济交流贯彻的是独立自主、自力更生的原则。为此，虽然面临出口创汇能力不足的种种困难和苏联全面支援中国工业化的特殊条件，陈云仍然主张要保持外汇平衡。他说："我们必须力求不借外债。为了保持外汇的收支平衡，应压缩不必要的进口。"根据他的指导思想，新中国在外贸计划和外汇安排方面，实行“以出定进，进出平衡，瞻前顾后，留有余地”的原则。

陈云对“一五”计划的实施进度十分关注，多次到各地视察建设进展情况，对于日新月异的巨大进展充满了喜悦。

鞍山、武汉、包头、马鞍山、重庆、太原、齐齐哈尔等地新建改建的一大批钢铁企业为中国工业化插上了翅膀，五年里钢铁工业新增炼铁能力338.6万吨、炼钢能力281.6万吨、轧钢能力158.8万吨，钢产量平均增长达32%，钢材自给率达86%。机床制造是现代工业发展的“母机”，新建的武汉重型机床厂、齐齐哈尔机床厂第一机床厂和北京第一机床厂，连同改扩建的沈阳第一和第二机床厂、上海机床厂等，使中国机械设备制造能力有了质的飞跃。长春第一汽车制造厂、洛阳拖拉机厂、哈尔滨电机厂、山东铝厂、北京电子管厂、沈阳飞机制造厂等现代工厂的建设，使中国有了交通运输设备、电力机械、有色冶金、电子、航空等现代工业。中国在现代科学技术前沿和现代化的宏观经济管理及企业管理等方面也迅速积累了宝贵的经验。

1957年10日，在“一五”计划接近尾声，“二五”计划正在紧锣密鼓地规划之时，陈云专程到东北去看了一些工业项目。由于过度劳累，回京就病倒了，不得不赴上海休养，但他的心仍为中国经济发展的前景而激动。休养期间，他于12月16日致信周恩来，满怀信心地说：

第一个五年计划中已经完工或接完工的工厂，尚未看过的只有西安、洛阳和西南各省的了。希望能在休养期间去看一看。从已看过的东北七八个城市和太原的工厂来看，我们在“一五”计划中新建设的工厂是一种模型，以后可以仿造。在此期间，我们的机械制造能力大大提高了，想见今后除个别部件以外，一般的机器成套设备都能自造。只要能自己设计制造设备，我们在第二个五年计划中就可以大干！

定心丸

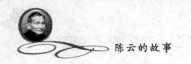

从 1951 年底开始，“三反”、“五反” 运动开始在全国展开。这场运动打击了腐败分子和不法资本家，有助于树立良好的党风和社会风气。但是，运动中一些过火的做法，也伤害了一些无辜的干部和群众。

“五反” 运动，即：反行贿、反偷税漏税、反盗骗国家财产、反偷工减料、反盗窃经济情报，主要是针对不法资本家。当时说他们搞 “五毒”，把他们查得很苦，要求他们退赃、补税的数额很大。而且，一些过火行为使工商业者人人自危。例如，工商业资本家最集中的上海，在斗争不法资本家时，就出现了戴高帽子和体罚的现象，致使 48 个资本家自杀，死了 34 人。

这些过火行为使得民族工商业者惊恐不安，大批私人工商户停业、半停业，经济活动出现严重的堵塞现象，基本建设项目纷纷推迟，军事订货减少，商品货币流通遇到了障碍。这些问题如果不及时作妥善处理，很可能会影响经济的发展和社会的安定。

当时经济上最大的问题就是市场死滞，工商业者躺倒不干了。要使市场活起来，首先就必须使私营工商业活起来，而要使私营工商业活起来，就必须首先减轻他们的负担，不要对他们挤得太急。为此，陈云提出，要纠正 “五反” 中的不适当做法，考虑核减 “五毒” 账。

1952年6月的统战工作会议上，陈云说："现在我们算资本家的'五毒'的账，是不是算多了一点，是否有点像在农村曾经有过的那种苛刻的算法：一只老母鸡下了很多蛋，蛋又孵了鸡，鸡里面又有多少公鸡多少母鸡，母鸡又下了多少蛋，蛋又孵了多少鸡……我看是有的。"他举例说："蚌埠有150家工商户，资本只有15000亿元，要退补的就达30000亿元。浙江省有几个工厂，'五毒'账超过了加工订货的全部收入。算得太多了，恐怕站不住脚，也会把真正的'五毒'放过去。我们必须实事求是地把它核减下来，核减到恰当的程度。"

陈云还提出："要成立一个接受申诉的机关，如果资本家认为算得太多了，可以申诉。对资本家要加以照顾，缴退补款的时间可以拖长一点。"

对资本家最关心的退补问题，陈云主张尽可能缓和，让资本家不能大补就小补，小补还不行那就不补，放到下一年再补。

这样做，那些"五反"搞得特别积极的干部肯定思想不通。他们会觉得自己辛辛苦苦搞运动，好不容易从资本家那里搞到这么多钱（当时估计退补的数字达30亿元）怎么轻易就放弃了？

陈云就给他们做工作，告诉他们，实际上不可能从资本家那里搞到这么多钱，如果一定要坚持退补，无异于杀鸡取卵，竭泽而渔。1952年第一季度，"五反"运动搞得最厉害的时候，我们不但没有搞到几个钱，税收反而少收了5个亿。

对于放松退补他还算了一笔账，他说要"先收税后补退。税收最要紧，神圣不可侵犯。财政部没有钱，什么事也干不了。""退补大概能收到4万亿元，税收要收到70万亿元。只有把小的放松一下，把大的收起来，等市场活了以后，那4万亿元也就可能收起来了。如果先补后收，很可能因小失大"。

税收在当时的财政收入中的确是一个大头。税收在当时也是不轻的，看起来我们的税率都是接收国民党过去搞的那些，而且还精简了一点，但实际上要比国民党时期实收的还要多。一年的税收，大约合 23 亿元光洋。“九一八”事变前，包括东北在内，也不过收 8 亿到 9 亿元光洋。上海的资本家说：“国民党复杂简单，共产党简单复杂。”国民党税务条例多得很，形式上复杂，看起来不好办，事实上很简单，只要贿赂一下就行了。共产党办银行的也好，办工业的也好，搞税收的也好，都是从山沟里来的，土头土脑，看起来简单，但是很认真，搞什么事情都开会讨论，一开会就“复杂”了。

核减“五毒”账，缓收退补，先税后补，这样对资本家挤得不那么急了，等于给民族工商业者吃了一颗定心丸，使他们缓和了对立情绪，可以放心的经营了，市场活起来了，国家财政收入也有所增加。

天安门上的决策

1953 年夏季，粮食市场突然发生了严重动荡，有些地方甚至出现成千上万人在国营粮店门口排长队抢购粮食，有的大城市已经开始对面粉实行配给。在农村收购粮食也很困难，一些农民把粮食囤起来准备卖高价。国家掌握的粮食越来越少，这样下去后果是很严重的。

解放几年了，粮食生产连年大幅度增长，怎么这时候出现粮食紧张呢？

1953 年，我国开始了大规模经济建设。这一年就增加了 600 多万城镇人口。经济作物种植面积扩大了，占了一部分地，吃商品粮的农民增加到 1 亿。土改后，农民生活好了，自己也要多吃些粮食，还需要出口粮食换机器、换外汇。而当时农业生产还很落后，增产幅度赶不上需求增长的速度。

粮食紧张，毛泽东要中财委赶快想办法。

当时，陈云因病在外地休养，中财委对这个问题进行了讨论，但没有拿出可行的办法。1953 年 7 月，陈云回京参加完财经会议后，遵照中央的指示，全力以赴，研究这个问题。陈云当时考虑了八种选择办法：

第一，只配不征。就是只在城市配给，农村不征购。

陈云觉得，这只是关了一个门。城市里配给，只准一个人买多少，不准囤积，也不准拿到乡下去。但农民看到城市配给，就会惜售，国家会买不到粮食。

第二，只征不配。

以前日本鬼子和国民党都搞过所谓“配给”，让老百姓受够了罪。现在搞配给虽然性质上、具体做法上都与之不同，但人们一听“配给”就头痛。如果只在农村里征购，在城市里不配给，结果一定会边征边漏。因为在农村里征购，换给农民钞票，农民转身就可以再跑到城里粮食公司把粮食买回去。

第三，原封不动。

就是继续自由买卖，这个办法的结果必乱无疑。陈云认为，要看乱到什么程度，要把乱的利害与征购粮食比较一下，如果乱的害处大，就不如搞征购。如果等到乱了一年再来搞征购就晚了。

第四，“临渴掘井”。

就是先自由购买，到实在没有办法了再来抓大头，搞征购。陈云觉得这样办行不通，道理很简单，到买不到粮食的时候，城市的自由供应也就无法继续了。

第五，动员认购。

这个办法东北搞过。东北的认购是怎样搞的呢？就是上面有个控制数字，交到省，省到县，县到区，区到支部，支部就开会，说：“同志们，大家认呀！”你说一个数，主持人说：“不够，再加！”你再说一个数，主持人看看还不够，就说：“不够，再加。”总之，不加够就不散会。办法就是不散会。这个办法叫强迫而不命令。陈云觉得，强迫而不命令还不如搞征购，有明确的命令好。这样有了明确的数字，至少开会要容易些。

第六，合同预购。

那时棉花订了预购合同，国家就买到了一些。陈云觉得，棉花之所以能买到，不一定是合同预购的功劳。最重要的还是棉花收得多。我们一年需要的棉花是 1300 万担，而农民一年收获量是2000万担。如果棉花收少了，合同预购也不一定能收到。如果农民现在收的粮食多了七八百亿斤，也会赶紧卖的，问题是粮食缺乏，定了预购合同也不一定卖。

第七，各行其是。

陈云认为，各个地方自行按本地区情况各搞一套，这样做，如果不妨碍其他地方是可以的。但问题是各地的方法必定会相互影响。

第八，农村征购，城市配给。

陈云说，这样，国家肯定可以搞到粮食，但这是一种强制措施，必然会有缺点，甚至会产生各种意想不到的严重后果：这件事情要做的话，毛病会出得很多。我们全国是26万个乡，每个乡大概有三四个自然村，全国一共有约100万个自然村，如果10个自然村中有1个出毛病，就有10万个村出毛病。这样就会出现逼死人，打扁担。"又征又配，农村征购，城市配给，是硬家伙。我这个人胆子小，有一点怕。我跟毛主席讲，我怕开除党籍，二十几年了，搞不好就搞翻了。城市里的人都要配给，农村里的人都要征购，所以，这件事情跟每一个中国的老百姓都有关系。"

对于不这样做的后果，陈云也做了预测，他说：回过头来想一想，不这样做怎么办？如果不这样做，那我们就要恢复到大清帝国、北洋军阀、国民党的那个办法。就是进口粮食，向美国、加拿大、澳洲买粮食、麦子。1年进口300万吨。我们的外汇有多少呢？向资本主义国家的出口和向香港出口的青菜、猪鬃、大豆，加上侨汇，总计不过3亿美金，大概能买300万吨粮食。如果把这些买了粮食，那我们就不要建设了，机器也不要搞了，工业也不要搞了。那时也有一种后果，我们也要挨东西，挨什么呢？挨飞机炸弹，挨大炮，还要加上挨扁担。你搞得不好，帝国主义打来了，农民扁担还会打你。农民会说："请你走吧，不要你在北京了。"

两相比较，陈云认为，还是实行又征又配的办法好。而且，这个办法虽然有风险，但也并不是说就一定会出大乱子。只要工作做得好，这个办法还是可以行得通的。因为，首先，党和政府与农民有很好的关系，得到农民支持。其次，从征收的数量看，农民也是可以接受的。当时，全国需征粮食六百亿到七百亿斤，而根据以往几年的经验，农民每年在市场上出售的粮食大约也在六百亿到七百亿斤左右。

经过广泛征求意见，反复权衡，陈云认为，没有别的选择，唯一的办法就是实行粮食征购和配给。

10 月 1 日，国庆之夜，在天安门城楼会见厅里，陈云将自己的想法向毛泽东、周恩来等中央领导和盘托出。毛泽东听了陈云的汇报也觉得别无良策，表示赞成，周恩来等也一致同意。于是，毛泽东当即拍板定案，并嘱：由陈云负责起草《关于召开全国粮食紧急会议的通知》，由邓小平负责起草决议，迅速召开全国粮食会议，把这一方案付诸实施。

由于情势紧急，不能拖延，从天安门城楼回来后，陈云连夜起草了会议通知，并于 10 月 2 日凌晨送到毛泽东处，毛泽东迅即对陈云起草的通知作修改，并决定当晚 7 时召开政治局扩大会议讨论。

政治局扩大会议由毛泽东主持，陈云作报告。由于事先已做过周密的调查研究，陈云在报告中提出的在农村实行征购、在城市实行配给的办法，没有引起太大的争议，大家一致表示同意。会议最后，毛泽东发言说：赞成陈云的报告。并说，这也是要打一仗，一面对付出粮的，一面对付吃粮的，不能打无准备之仗，要充分准备，紧急动员。还说，这样做可能出的毛病，第一农民不满，第二市民不满，第三外国舆论不满。问题是看我们的工作。宣传问题，要大张旗鼓，但报纸一字不登。

这次政治局会议还通过了陈云起草的召开全国粮食紧急会议的通知。通知指出："从根本上找出办法来解决粮食问题，是全党刻不容缓的任务。"通知还规定各中央局主要负责人必须参加会议。

10 月 10 日，全国粮食会议在北京召开。陈云在会上作了长篇发言，说明了当前粮食问题上面临的危急情况和中央的决策。邓小平作了补充发言，他指出：农村征购，城镇配给，严格管制市场和集中统一管理的四项政策，是相互联系缺一不可的。并着重说明了只有坚决实行这些办法，才能真正巩固工农联盟，引导农民走社会主义道路，保障国家建设计划的实施。

全国各大区参加会议的领导干部，在听取陈云的意见后进行了认真的讨论研究。他们根据本地区的具体情况，一致认为实行征购和配给，是调剂粮食产需矛盾的最佳方案。得到各大区的支持以后，对粮食实行征购和配给的办法就基本上确定下来了。

在讨论过程中，毛泽东觉得，征购和配售的名称不好听，希望改一个名称，当时的粮食部长章乃器想了一个名称，把在农村实行征购叫"计划收购"，大家觉得这个名称比较好，于是征购被定名为"计划收购"，配售也相应地被称为"计划供应"。两者简称"统购统销"。

统购统销的政策正式确定下来以后，10 月 16 日中共中央即作出了《关于实行粮食的计划收购和计划供应的决议》，中央人民政府政务院也于 11 月 23 日发布了《关于实行粮食的计划收购和计划供应的命令》。此后，又通过实行"定产、定购、定销"等措施进一步完善。粮食统购统销制度在我国持续的时间长达 32 年之久，对我国经济和社会生活都产生了深远的影响。1985 年以后，农业生产有了较大突破，加上国际形势的变化，粮食统购统销制度才逐步为粮棉合同定购制所代替。

两个农民朋友

陈云虽然身在中央，但他对农村基层的情况十分关注。他交了两个农民朋友作为联系人，请他们给他反映农民的心声，介绍农村的情况。

那是50年代，陈云负责制订“一五”计划。这是中国实现工业化的一个重要时期，但计划中农业是一个薄弱环节，搞不好就使整个计划受到影响。陈云希望了解农业生产和发展问题，特别需要来自农业生产和农村的第一手材料。1952年10月初，他请曾在1927年一起搞农民运动的老战友陆铨，从青浦县找两个在大革命失败后表现较好、敢于说实话的农民来北京谈话。

经过地方党组织审定，介绍了两个农民，一个叫曹象波，一个叫曹兴达。他们来到北京后，向陈云讲了农民运动失败后组织受摧残、战友遭杀戮的情况，也讲了土改前后农村的变化。他们说：土改后，地主被打倒了，农民翻身做了主人，每人分了地，有了积极性，农业生产开始恢复，农民有了奔头，并谈了很多苏南农村的情况和问题。

在几次谈话中，陈云问他们，新中国建立，农村土地改革以后，农民认为有哪几条好处？有哪几条坏处？两位农民坦诚相告，归纳起来，满意的有五条：一是每人分了两亩四分地，好过年了（无人催租、逼债，也无人外流）；二是物价平稳、人民币值钱；三是修理了排灌机器，年成好时，每人可收

1200斤稻谷和蚕豆；四是肥田粉（从日本进口的化肥）多了一点；五是受干部的气比国民党时少多了，不打耳光子了。但也有几点不满意：一是外来干部（当时县、区干部多是从山东南下的）的话听不懂，有时下令行事；二是镇上商店关的多，买东西不方便；三是共产党能不能站得长，有人造谣言，有时搞得人心不安，还有地主挑拨离间。

陈云赞赏他们直言不讳，并告诉这两位老乡，要他们回去转告亲友，中国劳动人民站起来了，不要怕地主反攻倒算，全国都已解放了，要大家安心生产，还请他们转告区、乡干部，认真组织大家修补农田水利，多种红花草，培养地力。

这一次陈云特别约定这两位农民为今后他了解农村变化的长期联系人，后来进行了多次交往和面谈。

国产汽车

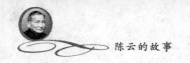

旧中国是很落后的，现代工业基本上是空白，连火柴、铁钉都被老百姓叫做“洋火”、“洋钉”，更不用说造汽车了。

新中国成立后，大家都急于看到自己的国产汽车。1950年初，毛泽东访问苏联，请苏联帮助中国建设一个汽车制造厂。

这个工厂应该建在哪里呢？陈云主持会议讨论了3次。苏联专家设想，苏联有名的斯大林汽车厂建在首都莫斯科，中国的第一个汽车厂是不是也建在首都？国内的意见也不统一，提了好几个地方，比如石家庄、太原等。陈云说，是不是可以放得远一点，设到西安去？但陈云没有独断专行，而是充分听取意见，不断思考。

后来发现，这个工厂设在西安是不行的。如果要生产3万辆汽车，光电力就需要2．4万千瓦，而西安只有9000千瓦，修电站就需要好几年的时间；需要的木材量达2万立方米，在西北砍木头，山都要砍光；运输也是问题，每年运输量100万吨，而西安到潼关铁路的运输量不超过200万吨，光汽车工厂就够它运了。北京也不行，工厂每年需要钢铁20多万吨，北京的石景山钢铁厂要五六年后才能达到这个生产能力。其他地方也都存在这样或者那样一时难以解决的问题。

经过讨论，最后得出结论，中国的第一个汽车工厂只能设在东北。那里的电力、木材、运输等等条件都优于其他几个地方。陈云以此为例，要求大家虚心学习建设本领。

为了保证万无一失，1951 年 1 月，陈云提出，开工建设时间定在 1953 年 7 月，留下两年半的时间作准备。经过 3 年时间的建设，1956 年 7 月 15 日，第一汽车制造厂组装出第一批国产解放牌汽车，结束了中国没有汽车工业的历史。

1957 年 10 月 18 日，陈云来到长春，视察第一汽车制造厂。他对厂长饶斌说：这个厂我们花钱多，要好好看一看。他在一汽视察时，几乎一整天都在车间里，对生产流程的各个环节看得非常仔细。他还问到生产中的主要困难，要大家通过勤俭办厂来解决。他风趣地对大家说，苏联 1945 年进军我国东北时，汽车的驾驶室都是木头做的，木头总比钢材好解决吧！说完，他自己也忍不住哈哈大笑起来。看到我国第一个汽车工厂欣欣向荣的景像，陈云非常高兴，那神情，就像父亲看到长大成人的孩子一样。

“三定”定了农民心

1954年底到1955年春，一场严重的粮食动荡降临了。很多人抱怨说，国家粮食收购过头了，农民完成征购任务有困难。有的地方甚至因为征购粮食问题而发生了群众骚乱事件，政府机关受到冲击。一时间全国各地几乎是“家家谈粮食，户户谈统销”，很多人都对统购统销政策投来怀疑的眼光。

陈云认为，统购统销政策是国家工业化建设必不可少的，但他一直担心统购统销政策执行中如果出现偏差，会出乱子，引起农民“打扁担”。乱子的苗头一出现，他就敏感地注意到了。为了找到解决办法，他决定到农村去，亲自聆听农民群众的意见，了解出乱子的原因。

到哪个地方调查好呢？陈云考虑得很周到。他想，农民群众当然愿意反映意见，但是，面对掌握了一定权力的干部，他们如果不熟悉和了解对方的话，说起话来难免有顾虑。看来要听到真话，必须去自己比较熟悉、农民群众也比较了解自己的地方。这样，他决定回故乡青浦老家调查。

这样，1955年1月中旬，陈云在中共华东局主管农业的干部陪同下来到青浦小蒸乡，住在老战友陆铨的家里。果然，因为多年前他在这里搞过农民运动，农民都知道他，特别愿意跟他讲实话。很多亲友和居民都主动找上门来反映情况。

陈云约见了自己的特约联系户曹象波和曹兴达，并拜访了烈士家属，向来访的居民和亲友问寒问暖，还专门看了米店、粮仓，找农民、商人、小学教员、居民、干部座谈，征求对粮食统购统销的意见。座谈中，对粮食统购统销有赞成的，有反对的；有的只赞成统销，主张限制城市消费量，不赞成统购；有的批评干部购了“过头粮”（即超计划收购的粮食），也有不少农户反映留粮过少，口粮短缺。陈云听得很认真，对于表示不同意见的农民，他也不扣帽子，认为大家敢讲话，是对共产党的信任。

调查中陈云发现，当时农民有意见的原因，主要是上一年统购时购了“过头粮”，挖了口粮，农民不够吃了。对缺粮情况，他在小蒸乡挺秀村作了调查。这个村共 87 户人家，不缺粮的 43 户，缺粮的 44 户。缺粮户有缺 1 个月的，有缺 2 个月的，也有缺 3 个月的。但是，情况并不是像有些反对统购统销的人说得那么严重，比如，挺秀村农户平均每人留粮 350 斤，也有多到 400 斤的，再加上蚕豆不计产量，所以留粮水平不算低。就是这样，还有的农户要求把留粮水平增加到 530 斤。当陈云向他说明了全国的缺粮情况后，农民大多数都对统购统销政策表示理解。

经过调查，陈云还发现，对于缺粮的叫声，必须认真分析，不能光看表面现象，简单地归咎于统购统销工作中的错误。粮食供应紧张地区的城镇上，排队争购切面和其他食品的农民，只有极少数是真正缺粮的。其他的，有一部分是家有余粮的，去排队的目的是装做缺粮，怕再向他们购粮；大多数人粮食是够用的，但他们想多保存一些，多有一些后备，所以也去排队购买切面和其他食品；也有的是已经评定为缺粮，并且已经规定了开始供应的日期，但是他们却想在得到供应以前，先买到一些切面和其他食品。另外，不少地方粮食供应一度紧张，是由于地主、富农分子和某些反革命分子从中造谣煽动造成的。

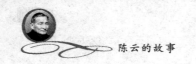

经过调查，陈云心里有底了。农民是拥护政府的，又因大多数口头叫喊缺粮的农民并不真正缺粮，只要把道理向他们讲清楚，同时把统购统销工作加以整顿以后，在粮食问题上的混乱状况就能够改变。

调查结束后，陈云回到北京向中央提出了农村粮食统购统销中的“三定”政策和办法，即定产、定购、定销。由各地政府根据产量确定统购数字，规定卖粮户留粮标准，力求消灭购“过头粮”的现象；确定农村统销数字，留出周转粮，从统购统销总数内扣除；连征带购的粮食总数三年不变。

“三定”的办法还要求全国各地以乡为单位，确定全乡每户的常年计划产量和全乡粮食统购统销的数量，并一律向农民宣布，使每一农户都知道自己是余粮户还是缺粮户，使每一余粮户知道该卖给国家多少粮食，使缺粮的农户知道自己能够向国家购买多少粮食，做到心中有数。

这一办法得到了毛泽东和党中央的赞同。在确定实行“三定”政策时，毛泽东还提出：粮食定产要低于实产，要使农民多留一点，多吃一点，多喂一点，多自由一点，做到“人不叫，猪不叫，牲口不叫”。

“三定”的政策确定下来以后，1955 年 4 月 28 日，中共中央和国务院发出了《关于加紧整顿粮食统销工作的指示》，要求全国本着“三定”的原则对粮食统购统销进行整顿。指示发出后，全国各省市立即派出了几十万干部到农村、到城市整顿统销工作，再一次宣传粮食统购统销的意义，号召人民起来协助政府做好这一工作。对于要求供应粮食的进行评议，把不应该供应、可以少供应的数字削减下来，可以迟供应的就推迟，同时保证缺粮户必要的供应。

经过这样的整顿以后，全国的粮食销量迅速恢复正常，“缺粮”的喊声有了显著的减少。“三定”的办法也得到了广大农民的热烈拥护，有力地鼓励了农民的生产积极性。有个农民听到“三定”后，自书楹联赞颂道：“毛主席号召‘三定’，人人高兴；共产党规定‘四留’，个个不愁”，横批“努力生产”。还有人形容说“三定”实际上是四定，有了定产、定购、定销，农民的心也就定下来了。

调查血吸虫病

“绿水青山枉自多，华佗无奈小虫何！千村薜荔人遗矢，万户萧疏鬼唱歌。坐地日行八万里，巡天遥看一千河。牛郎欲问瘟神事，一样悲欢逐逝波。”毛泽东写下的这些诗句，是几千年来血吸虫病危害人类的真实写照。

长江中下游地区自然条件非常优越，土地平坦肥沃，水网密布，物产丰富，人称鱼米之乡。可是，这里的人民历史上饱受血吸虫病危害之苦。血吸虫病是传染病，血吸虫产卵后的幼虫在水中浸入钉螺内，发育繁殖化为尾蚴，再钻入人体或畜体内，混入人畜血液中繁殖，造成人和畜类血液系统的多种疾病。患者往往腹胀如鼓，下泻不止，四肢枯瘦，在痛苦中死去。所以又恨又怕的老百姓管这种病叫“大肚子病”。这种病传染很快，蔓延很广。青壮年劳动力由于经常在水田里劳动，更容易染上血吸虫病，导致丧失劳动力，耕牛、家禽都难逃其害，危及农业生产，也影响群众生活，危害极为严重。

陈云早就注意到了这个问题。1957 年，国务院考虑制定一个专门的工作条例，为此，陈云决定亲自到家乡实地调查一番。因为他的家乡地处江南水乡，正是血吸虫病肆虐的地区。

1957 年 3 月下旬，陈云先派身边工作人员和上海血吸虫防治站的负责人一同到淀山湖边青浦县里浜村，调查了患病情况及传染病源、传染渠道。

专家指出，防治血吸虫病关键在于消灭钉螺。而农民一般用土埋钉螺的办法，收效甚微。

3月27日，陈云亲自到青浦县现场调查。他先视察了土埋钉螺现场，接着又到医院，看望血吸虫病晚期病人及一些患病儿童。

随后，他又来到仓园农业生产合作社，了解当地用“水煤气”火焰灭钉螺的办法。用这种办法，这里的钉螺几乎全部被消灭。陈云很感兴趣，他与乡干部和防疫站人员一起，着重研究了土埋钉螺和火焰灭螺两种办法的效果，以及火焰灭螺是否有普遍推广的价值，需要一些什么条件。他指出，一方面要研究有效的治疗药品，抢救病人，一方面要研究从根本上防治血吸虫的办法，也就是如何彻底地消灭钉螺。

回到青浦县城后，陈云听取了县里干部对于发展农业生产及保护农业劳动力，根治血吸虫病的意见。仔细听完大家的意见后，他讲话指出，防治血吸虫病的根本办法，首先要搞好宣传，动员广大干部和群众的力量，大家动手，加强粪便管理，认真消灭钉螺，加强个人防护，注意饮水、用水。先集中力量解决一个区，行之有效，迅速扩大推广。他还根据专家的意见指出，患血吸虫病没有免疫力，痊愈后还可能再受传染，因此，血防工作松懈不得。如果蔓延下去，不仅影响现在的农业生产和农民的生活，影响千村万户，而且影响下一代人口的繁衍，农村的繁荣。这已经是不可忽视的社会问题了。

回到上海后，陈云又与设在上海的中央血吸虫病防治领导小组的干部商谈、研究消灭血吸虫的方案。当时，血吸虫病已蔓延到全国12个省区，特别是长江以南水网地带的粮食高产区及中南、西南湖沼地区共110多个重点县。陈云同志要求在中央有关部门大力支持下，由省、县领导亲自负责，动员各方面力量，采取紧急措施，有计划、有领导地加强防治工作，限期消灭这种危害严重的地方传染病。

这年4月，国务院发布了《关于消灭血吸虫病的指示》，中共中央随后发布《关于保证执行国务院关于消灭血吸虫病的指示》。广大血吸虫病流行地区的干部群众掀起了热火朝天的消灭血吸虫病的运动，取得了胜利。毛泽东为此赋诗："春风杨柳万千条，六亿神州尽舜尧。红雨随心翻作浪，青山着意化为桥。天连五岭银锄落，地动三河铁臂摇。借问瘟君欲何往，纸船明烛照天烧。"

粮食定，天下定

1958年“大跃进”，搞“人民公社”，为了追求粮食高产，不讲科学地盲干。有人说深翻地能高产，就组织社员深翻地，把地底的生土都翻到面上来了。还有人说密植可以高产，栽种的时候就种得密不透风，要靠吹风机送风进去。还有的讲光照时间长能高产，就在田头支起大灯泡整夜照。特别可惜的是，搞大炼钢铁把青壮年劳动力都抽走了，辛辛苦苦种的庄稼熟了，却没有劳力收，好多都烂在地里。

这样盲干当然不会有好收成，可是为了应付上级，报成绩的时候大家都瞎吹牛。平常亩产几百斤的土地，敢吹到亩产上万斤甚至十几万斤，还说这是“放卫星”。报纸上宣传小麦总产量已超过美国，一时似乎粮食多得不得了，没有问题了。公共食堂还让大家敞开肚皮吃饭，浪费了不少粮食。

陈云对这些“卫星”没有轻信，对身边的工作人员讲：“亩产水稻几万斤，这可能吗？如果把那些稻谷平铺在60平方丈的土地上，该有多厚！什么‘人有多大胆，地有多高产’(那时候的一句口号)，十足的形而上学。”

但那时候，很多人都误以为粮食过关了。1958年11月28日至12月10日，在武昌举行的中共八届六中全会，将下一年度粮食和棉花、煤炭、钢铁的生产计划指标定得很高，还准备公布。为慎重起见，陈云建议不公布为好。

后来经过研究，发现这些指标完成不了，1959年3月25

日至4月5日，在上海召开了中央政治局扩大会议和八届七中全会，开始考虑降低钢铁指标和把计划定到可靠基础上的问题。毛泽东听说陈云曾提出不公布指标的建议后，表扬陈云说："有时真理在一个人手上。"

为了让大家都能够正确认清粮食形势，1959年4月，陈云特地给负责财经工作的领导干部写了一封信。他在信中说，粮食问题还没有过关。粮食定，天下定；粮食紧，市场紧。粮食现在仍然是稳定市场最重要的物资，一定要做好这一方面的工作。

落实钢铁指标

1958年搞“大跃进”，提出来一个口号叫“以钢为纲”，给钢铁生产定了很高的指标，其他部门和行业都要为钢铁生产“让路”。当时说这是“钢铁元帅升帐”，把钢铁指标当成政治问题，不赞成这样做的人就被看作“右倾机会主义”。

这样一来，大批劳动力和设备、原材料都投入到大炼钢铁中，影响了国民经济的平衡发展，造成了不利的后果。比如农业生产，本来秋季是收获季节，但因为农村的青壮年劳力都被组织上山搞“土高炉”炼铁去了，只留下老人和小孩，他们承担不起收割庄稼的繁重体力劳动，很多已经成熟的庄稼就烂在田里，看到这种情况的人都十分痛心。有一次，国防部长彭德怀回故乡湖南平江调查，一位红军时期残废的老战士，躲过生产队干部的视线，偷偷地递给他一张纸条，上面是这样几句话：

“谷撒地，黍叶枯，青壮炼钢去，收禾童与姑。来年日子怎么过？请为人民鼓与呼！”

可惜，当时认识到钢铁指标过高的人还不多。1959年初制定的计划，钢铁指标比1958年还要高。陈云为此十分担心。

由于钢铁指标过高引起了很多问题，甚至影响到钢铁生产本身，1959年4月底，中共中央经过讨论，决定责成陈云领导的中央财经小组研究，确定可靠的钢铁指标，以利国民经济稳定发展。

当时的问题，实质上是钢铁等生产指标过高和基本建设规模过大造成的，要扭转被动，不能不触及钢铁的高指标问题。这是一件十分棘手的工作，因为钢铁生产在那时已成为重要的政治任务，落实指标尽管是中央提出的任务，但在计划指标已经很高的情况下，要实事求是地较大幅度地压下来，不是没有风险的。搞不好，就会有被戴上“促退派”、“秋后算账派”之类大帽子的危险。

陈云接受任务后，丝毫也没有因此而退缩。从 5 月 3 日到 9 日，他连续主持中央财经小组会议，听取冶金部的汇报，研究钢铁指标问题，其中 1 次是汇报钢铁方面总的情况，另外 5 次是分别按矿石、焦炭、耐火材料、钢铁冶炼、钢材品种 5 个专题的汇报，然后集中讨论了 1 次。

陈云在财经小组会议上一开始就明确地讲：“因为我是共产党员，我不能耍滑头。要不然我也可以不再理这个指标调整问题。请大家来谈谈 1959 年计划究竟怎么处理好。”

然后，陈云具体提出了这次调查落实钢铁指标的几个问题。他说：“是否请考虑以下四个问题：第一，是多一点，还是少一点？我看要稳住阵脚再前进。第二，质量、品种同数量的关系。要重视质量、品种，宁肯少些，但要好些。第三，重点和一般的关系。第四，今年和明年的关系，今年少些可能好些，明年可以上去多些、好些。”

陈云在研究和落实钢铁指标的过程中，除了听取冶金部 6 次汇报外，也听取了国家计委有关各局的意见。他还把冶金部的有关负责人找去，听取个别的详细汇报，了解情况。

有一个晚上，他找了廖季立和计委重工业局、物资分配局的主管人到他家里座谈，对他们说：你们每个同志都可以随便谈，有什么问题，有什么意见都可以提出来，说话别受拘束。

当时他身体不好，座谈的时候，他躺在垫着棉被的藤榻上虚心听，但始终精神贯注。在谈话过程中，他不是先入为主，先下定论，而是反复询问和反复交换各种不同意见。这次一直谈到深夜 1 点多。

他在研究钢铁指标时，也了解和研究了农业生产和基本建设情况，在研究了市场情况、运输情况、人民生活情况的同时，也研究了钢铁工业内部的各个环节之间的平衡情况，最后确定钢铁指标问题。陈云了解情况之细致，分析问题之周密，工作作风之扎实，都给与会人员留下了深刻的印象，使大家从中也受到很大教育。

在陈云主持下，经过深入、细致地比较和研究，大家基本上同意把钢铁指标大幅度降下来，使之经过努力能够完成、又不影响其他部门生产的指标。

1959 年 5 月 11 日，中央政治局召开会议，陈云详细地提出了落实钢铁指标的意见和理由，得到了大家的同意。

针对大炼钢铁中出现的严重问题，陈云提出，在完成钢铁指标时要特别注意改进铁的质量。他说，现在各地生产的铁，不合格的还不少。

当时作为“大跃进”运动一项创举的小高炉，在生产中问题很多，但大家都不敢提，因为小高炉是群众运动“小土群”的代表，对小高炉有意见就会牵涉对“大跃进”方针的态度问题。陈云在这次会上毫不客气地提出，高炉建设要贯彻大中小结合的方针，以大的为主。小高炉要改进技术，有些要向大中型发展。煤铁资源缺乏和运输条件困难的地区，有一部分小高炉要停止生产，条件很困难的地方，不要再建小高炉。

陈云的汇报，一直讲了大约一个多钟头。

政治局会议讨论通过了计委报告和陈云意见。

邓小平表示，他赞成陈云的初步意见，退到可靠阵地，然后再前进。

1959年5月15日，在政治局会议通过落实了钢铁指标以后，陈云专门就钢铁指标问题给毛泽东写了一封信，实事求是地把财经小组落实钢铁指标的考虑和分歧作了汇报。

他说，今年究竟能够可靠地生产多少钢材和多少钢，议论是不一的。多数人的意见，把今年钢材生产可靠指标定在900万吨，以此作为分配给各部和各省市的数量，把将来超过的数量作为奋斗和争取的目标。但冶金部有不同意见，认为这个数量太少了，会使下面泄气。各省市的同志也有不同的意见

针对说指标定低了会影响群众积极性的说法，陈云明确地表示不赞成。他说，把生产数字定得少一点会泄气，我看也不见得。正如少奇同志在政治局讲的，定高了，做不到，反而会泄气。

在信中，陈云也激烈地批评了小高炉炼铁中存在的问题。他说，小高炉炼出的900多万吨铁，含硫量超过冶金部规定0.2%标准的，有40%以上，有的说至少有50%。这种情况不改变，将有四五百万吨生铁含硫超过标准，既不能用于铸造，也不能在炼钢后轧成有用的钢材。陈云批评说，这是劳民伤财。

为了改变这种情况，陈云提出，要想办法克服高硫状态，洗煤去硫，是今后能否完成拟议的钢材指标的关键。

5月23日，陈云主持财经小组会议，传达了中央的决定：钢铁生产指标，经向政治局汇报，认为应当降下来。书记处决定，1959年落实指标，钢1300万吨，铁1900万吨，钢材900万吨。也就是说，中央完全接受了陈云的意见。

钢铁指标调整以后，陈云就出去休息了，一直到1961年。

实际结果表明，1300万吨钢并不是一个保守的目标，经过全民动员式的共同奋斗，连一些老百姓家里的铁锅都弄去回了炉，一些小学生也动员起来到处找废铁，在庐山会议继续“反右倾、鼓干劲”的政治形势下，拼设备、拼劳力，到年终

也只是勉强完成了1387万吨钢、897万吨钢材。

现在看来，当时不搞1300万吨钢更好。当时为了保钢铁，花了很大代价，挤了其他部门，造成了比例失调。假如不是按照陈云的意见降到1300万吨，还搞1650万吨甚至更多，势必造成更严重的后果。

袜子问题

袜子是很不起眼的小物品，可是人人都需要它。就是这样一个不起眼的小物品，在三年困难时期，也成了一个大问题。

那时候因为棉纱不足，国家能供应的袜子本来就很少。好不容易买到袜子吧，又很不耐磨，一双袜子用不了多长时间就穿破了，脚跟、脚趾露了出来。特别是战士们和孩子们的袜子破得快，因为他们跑动多。买不到新的，只好缝缝补补，将就穿吧。

多少母亲、多少战士经常在灯下忙着补袜子！费时、费心倒好说，买布是一个很大的难题。那时候，布要凭票供应，每人每年只有 18 尺，过去不包括絮棉和针织品在内，还只是勉强够用。困难时期，这些都算在里面，实际真正供应的布只有 6 尺，到后来连这点布也不能保证了。这些布用来做衣服还不够，哪里能再省出布来做袜子？

在这样非常的时期，国家面临的许多重大问题都压在陈云的心头。但他也没有忘记袜子这样的关系群众生活的“小”问题。

1961 年 1 月，他给国家计划委员会主任李富春写信，希望做计划的时候，不要削减对粘胶纤维和聚氯乙烯的基建投资。他说，对棉花增产和皮革增产在短期内不能寄予太大的希望，而且群众又不能长期只靠发的几尺布票穿衣穿鞋。现在对纺织工业的投资不大，为了解决群众穿衣问题，宁可削减其他基建项目，也要维持化学纤维工业方面的投资。

那时国外早已时兴穿尼龙袜，这种袜子是尼龙做的，比棉线袜抗磨耐穿。陈云经过考虑，指示外贸部、纺织部进口了一部分尼龙，用来解决群众的穿袜问题。

进口粮食

1961 年 2 月 7 日到 11 日，陈云来到天津。他专程赶到天津港的码头上，仔细地观看了抓斗机从远洋货轮上卸下粮食的过程。

陈云为什么对粮食卸货、运输过程这么感兴趣呢？这是因为，船上卸下的粮食，是从远隔重洋的澳大利亚进口的。而进口粮食是他向中共中央、国务院提出的建议。

本来，国家的粮食供应虽然紧张，但是省吃俭用的话，还可以实现自给。建国以来，农业生产有了很大发展，再加上建立了国家粮食储备、实行统购统销，不但依靠自己的力量渡过了几个粮食紧张的时期，还能够挤出一部分粮食和农副产品出口，换取外汇去买机器设备，搞工业化建设。

可是，“大跃进”一来，粮食生产和供应都受到了很大影响。粮食本来并不宽裕，却根据浮夸的产量作出错误估计，好像粮食已经多得不得了，鼓励群众“敞开肚皮吃饭”。农村和城市的粮食销量都得不到控制，增长很猛，而生产并没有上去，结果只好挖库存，国家储备的粮食减少得很厉害。

1959 年到 1961 年，由于人祸天灾，粮食产量连续大幅度下降，3 年平均产量 3.073 亿斤，比 1957 年减产 21.2%，人均占有产量 433 斤，比 1957 年减少 170 斤。到 1960 年 5 月，粮食问题已经异常严重。交通沿线的国家粮食库存越挖越空，已经调度不灵。到 6 月上旬，北京市库存粮食只够 7 天的销量，天津市库存粮食只够10天的销量，上海市粮食部门已经没有大米库存，靠借外贸部门的出口大米过日子，工业基地辽宁有10个城市库存粮食只够销八九天。粮食调出大省江西，省内南昌、景德镇、赣州、九江四个主要城市也处于随调随销的危险境地。号称天府之国的四川，拥有大片肥沃黑土地的东北三省，都纷纷向中央告急：请给我们粮食！

华中重镇武汉缺粮，最紧张时候，粮食只够销3天。武汉钢铁厂在饥饿的阴影下，大厂小厂折腾“超声波”蒸食物，连蒸几次使食物体积胀大哄肠胃。就这样，仅有的粮食供应也不能保障了。省长张体学以省委的名义给中央负责粮食调度的国务院副总理李先念挂电话，泪流满面地恳求：“请尽快拨一些粮食给我们。天灾人祸，人民在挨饿呀！我没做好工作，给我什么处分都没意见，只请求中央支持我们粮食！”

但是，中央掌握的粮食已经少得可怜了，迫不得已，只好发出指示，要求各地搞“低标准，瓜菜代”，实在没有瓜菜的，就搞代用食品，玉米秆、橡子面、小球藻，凡是能填肚子的东西，都可以打主意。可是，这些东西能代替粮食吗？到1960年底，粮食紧张情况加剧，浮肿病大范围地出现，并迅速蔓延。估计到下一年春青黄不接时，粮食情况将更加严重。

人民的吃穿问题，始终萦绕在陈云的心头。眼看着人民陷于这样困难的境地，陈云心里异常难过。他同国务院其他领导人反复研究解决办法。他曾经亲自到河南等地实地了解了农业生产和粮食情况，还派秘书到安徽等地农村去实地调查，通过了解、分析，觉得农村粮食情况已经非常紧张，不能再增加农民的征购压力了，而且农业增产一时难有大的突破，而城市粮食供应的严重危机已经迫在眉睫，要渡过难关，必须把眼光放得更开些。1960年底，他向中央提议，挤出一部分外汇，进口粮食！

吃进口粮，这在当时可是个禁区！搞了3年“大跃进”，搞了人民公社，我们早已宣布解决了粮食问题，还每年出口粮食。现在突然要进口粮食，会造成什么样的影响！但是，不进口粮食，人民就要挨饿，无法渡过难关。陈云提出这个建议，也是经过深思熟虑的。

中央和国务院接受了陈云建议，决定进口粮食。接下来，陈云又认真思考了进口粮食的数量问题，并与其他中央领导反复商量。1961年1月2日到9日，周恩来总理率中国政府代表团前往缅甸访问。行前，在飞机场上送行时，陈云还在与他商量进口多少粮食的问题。周恩来到昆明后，外贸部给随同访问的外贸部副部长雷任民打来电话，说中央决定在原来商量的基础上增加进口量。雷任民当即把这一情况报告周恩来。周恩来说，这件事我不知道。随后，他马上打电话问陈云。陈云在电话里说，粮食太紧张了，要进口这么多粮食才能渡过难关。周恩来是了解陈云的。陈云考虑问题一向精细、稳重，现在连他都主张增加粮食进口数量，足以说明国内粮食紧张的程度。周恩来心里也非常着急，拿着话筒很久没有说话。

在周恩来、陈云、李先念等人亲自领导下，还不到两个月，1961年2月，外贸部从澳大利亚进口的第一船粮食就到了天津港。当时遇到一个最大的难题是，进口粮都是散装的，怎样从船上卸到火车上运出来？开始时是用铁抓斗把船上散装粮食抓到火车上运走，但铁抓斗撒漏多，浪费粮食。后来突击抢制出了吸粮机，把粮食从船上吸出来。

陈云对进口粮食接运工作非常关注，他专门到塘沽港口，现场调查进口粮食卸船和接运情况，看到粮食撒漏现象已经克服，十分满意。

经过各方面努力，1961年6月30日以前抢运到国内215万吨（43亿斤）粮食，用在刀口上，避免了京、津、沪、辽和重灾区粮食脱销的危险。

当时虽然大量进口粮食，但是进口国别还是有所选择的，美国虽然是世界粮食市场的大供应商，但大家似乎都有意回避。从加拿大、澳大利亚、法国都订购了大量粮食，却没有从美国买粮。毕竟美国是中国意识形态的头号敌人，两国关系从朝鲜战争以来一直相当紧张。

陈云并没有受到这个观念的束缚。1961 年 8 月 23 日到 9 月 16 日，中共中央在庐山举行工作会议，讨论调整方针，陈云在会议期间向毛泽东提出，可否通过当时同中国关系比较密切的法国，转口购买美国粮食。毛泽东同意了。不久后，美国粮食也通过转口，源源不断地进入中国。

在对待进口粮问题上，当时党内的思想是不一致的。尽管当时粮食问题那么紧张，但还有人在侈谈什么“大跃进”的成绩，说农民过得怎么怎么好。1962 年初，中央召开了一次重要会议，有人在会上发言，提出不要进口粮食，从国内解决。这实际上还是想增加农民的征购任务，当时如果这么做，就会影响农民的生产积极性，破坏正在恢复的农业生产。

这个发言登了内部简报。陈云看到简报上的这个发言，马上提出，粮食部应该有人发言，讲明进口粮食在现时的必要性。粮食部经过研究，决定由副部长杨少桥在财贸口小组会上作了必须进口粮食的发言，从粮食产、购、销、调、存及国民经济的有关方面，说明必须进口一部分粮食，弥补当时国内粮食的不足，并登了简报，以统一认识。

根据陈云的建议，从 1961 年至 1965 年，国家每年进口粮食 500 万吨左右。虽然占我国粮食产量比重很小，但作为国家集中掌握的大宗粮源，这批粮食在国家的粮食调度上起了重大作用，在不增加农民征购负担的条件下，大大缓解了粮食供应上的严重困难。

黄豆救了急

1958 年到 1961 年，国家遇到很大的经济困难，粮食不够吃，很多人得了浮肿病，还有些地方饿死了人。

陈云看在眼里，急在心里。为了让老百姓渡过难关，他想了很多办法。他提出从国外进口粮食，救了一些大城市的急；还想出卖高价糖果的办法，补充人体需要的热量；还要有关部门拨款拨物，建造渔船到远洋捕鱼，弥补肉食的不足。

但是，进口粮食缺少外汇，高价糖果多了老百姓也买不起，打鱼也有限。浮肿病蔓延的面又那么广，怎么办呢？

一天，他问保健医生陈家顺，一个人一天起码的营养量是多少？得浮肿病的人需要补充多少？营养的来源在哪里？

陈家顺经过仔细推算核实，向他报告说：一般来说，成人每日约需蛋白质 70～80 克，500 克粮食含蛋白质 45 克左右，500 克蔬菜含 5 克，而 50 黄豆就含蛋白质 20 克，是食物中最高的。在缺少肉类和蛋品的情况下，如果每人每天食用 100 克黄豆制品来补充营养，是比较可靠的办法，可以控制并逐步缓解浮肿病情。

陈云立即让秘书了解国家库存黄豆的情况。当得知库存黄豆的数字时，他愁眉紧锁了许多天的脸上，终于露出了一丝笑意。

经过计算，陈云认为，拿出一部分黄豆来解决燃眉之急，分几步做到城市每人每月供应 3 斤大豆，夏天和蔬菜多的地区可以少一点，这是完全可以办到的。1 亿城市人口，实行这个办法，每年需要 30 亿斤大豆。我国每年大豆的产量，在 1958 年以前是 190 亿斤左右，1961 年是 120 亿斤，拿出 30 亿斤来供应城市，是可能的。应该力求在两年内逐步做到这一点。第一步可以先在大中城市的 6000 多万人口中实行。这个办法，不仅可以保证城市人民的健康，而且可以提高一点职工的实际工资。有了豆子吃，或者换豆腐吃，就可以不买或少买自由市场上的高价副食品。

他向中央提出了这个建议。不久，中央作出了按级别定量供应黄豆、白糖的决定。之后，全国 1 亿城市人口，每人每月定量供应 3 斤黄豆。实施以后效果明显，困扰人心的浮肿病慢慢消失了。

不搞特殊

1960 年 11 月上旬的一天，上午 10 点来钟，周恩来总理在办公室里看到秘书写的一张汇报条后，马上站起身，一边要卫士长成元功立即要车，说他要去看陈云。一边说一边急匆匆地往外疾走。

原来，汇报条上写着：陈云同志感冒发烧了，主要是天气太冷，他不让烧暖气。

那时候，国民经济遇到了很大困难，中共中央主要领导与人民同甘共苦。陈云严格要求自己，取消了小灶厨房，改用蜂窝煤炉做饭，还把厨师、警卫人员都减掉了，只留下一名司机范金祥，把他们的工作担当起来。另外自己出钱请一位女服务员做饭。国务院规定不到 11 月 15 日不准烧暖气，他自己带头遵守。但因为他体质弱，寒流一来，他又不让家里烧暖气，结果冻感冒了。

汽车在北国的寒流中穿过中南海，出了东门后，很快就到了陈云的住地——北长街 71 号的一座独院二层小楼。

周恩来下车后，连大衣也没有脱就径直上二楼，看到陈云正披着大衣，围着被子，靠在床头上批阅文件。周恩来关切地对他说：“天气这么冷，你不让烧暖气，不行啊！”

陈云看到周恩来总理亲自来看他，急忙下了床，穿上大衣，把周总理请进了自己的办公室，在那里一谈话就是两个小时。

随后，两人又说又笑地走下楼来，陈云领着周恩来去看他的厨房。这个厨房就在楼梯边，呈长条形，面积只有七八个平米，里面放了两个蜂窝煤炉子。陈云指着火炉微笑着对总理说："你看，一个做饭，一个烧菜，我爱吃家乡饭，这不是很好吗?"

周恩来临走，当着陈云的面，向范金祥"下命令"说："从今天起，你们一定要开始烧暖气，这件事你们要听我的。"

周恩来被陈云的勤俭持家作风折服了。回家的路上，他对成元功说：你们要向陈云同志学习，他工作那么忙，家务安排得很细致，也有规律。他吸烟，只在办公室吸，睡觉房不吸。他穿的大衣是两用的，春秋天是夹大衣，到了条天，把做好的厚绒衬里用几个扣子扣上，就是厚大衣。他还略带批评地说："你就不会给我想这个办法做。"

回到西花厅，他还对邓颖超说："陈云同志真会过日子，我们应该向陈云同志学习。"

化肥促增产

“庄稼一枝花，全靠肥当家。”有经验的农民都知道肥料的重要性。陈云在寻找解决人民吃穿问题的办法时，把眼光投向了增产效果明显的肥料——化肥。

中国农业是非常落后的。20 世纪 50 年代，陈云研究比较国外农业增产的途径，概括为两种类型，一种是以苏联和美国为代表，人少地多，走的是扩大耕地面积之路；一种是以日本和德国为代表，人多地少，走的是扩大单位面积产量的道路。陈云感到，中国虽然国土面积大，但是人口也很多，人均耕地面积少得很，农业增产只能是靠提高单位面积产量。

怎样提高单位面积产量呢？陈云想到了化肥。1957 年，陈云提出，发展化工和水利事业，可以对农业增产起很大作用，其中发展化肥是农业增产最快、最重要的一条。年产 100 万吨化肥，只要 10 亿元投资，可增产粮食 300 万吨即 60 亿斤。同样增产这么多粮食，用开荒的办法，需要投资 15 亿元开 3000 万亩土地。

在这之前，陈云觉得发展化肥希望不大。苏联为中国设计年产 7．2 万吨的化肥厂，需要建设 5 年才能投产，国内还不能制造设备。主要农用肥料只能是靠养猪积肥。到 1957 年的时候，情况变了。化肥厂的重要机器和部件，比如高压反应筒和高压压缩机，国内都试制成功了，只缺一些特殊钢材。化肥的原料是煤炭、硫铁矿、石膏和食盐等，第二个五年计划期间都可以供应。

1957 年 2 月化工部提出大量发展化肥生产的意见以后，1 个月前才成立的、陈云当组长的中央财经工作五人小组就同化工部多次研究，并召开了各机械工业部的会议，准备从当年下半年开始，经过一年半的试制，做出成套设备的标准设计，1959 年大批制造，1960 年装配，然后大量投入生产。

开始，他对年产 800 吨到 2000 吨的小化肥厂很感兴趣。他曾派人到几个小合成氨厂了解了情况。1960 年 9 月间，陈云不顾病体，前往天津、河北视察，10 月间又视察河南、安徽和江苏。在这次视察中，陈云对当时小化肥厂总的建设情况，及已建的南京、上海、芜湖等地的建厂过程，用的哪个厂生产的设备和零件，是否好用，大化工厂如何帮助小化肥厂的建设，都了解得很具体详尽。

经过了解，他发现小型氮肥厂的建设和生产，在技术上还没有过关。相反，年产 2.5 万吨或 5 万吨合成氨的大型氮肥厂，不论建设和生产，在技术上都已成熟。建设这类大型厂需要的各种主要设备和配套设备，除个别以外，国内已经试制成功，并且正式生产。到 1961 年底，可以争取制成 3 套年产 2.5 万吨合成氨所需要的设备。同时，大型氮肥厂可以节约劳动力，可以集中使用技术力量，产品质量好，生产成本低。在这些方面，大型厂比小型厂都要优越。

1961 年 3 月 4 日到 8 日，陈云听取化工部的工作汇报。谈到小化肥厂的生产技术一直没有过关，陈云就讲，我们本来是想搞小的经济，可是搞了许多都没有搞成，反而不合算。小的可以继续实验，但不要搞太多项目了。

1961 年 4 月 4 日到 10 日，陈云在杭州召集一个化肥生产座谈会，参加会议的有中央化肥小组和有关部委及地方生产部门一些人士。

在几天时间里，总共开了6次会。陈云鼓励大家要勇于发表自己的意见，说：你们不要怕讲话，有些人讲话不痛不痒，怕犯错误。讲话总是要有些机会主义或盲动主义的，讨论问题一边倒不行。不要怕左或右，如果有人说你们右了，我来承担；将来要开除党籍，就找我好了！

经过详细研究讨论，会议提出了化肥工业发展的方针性意见：在1962年到1964年这3年内，氮肥厂的规模应该搞大型的，建设的部署应该是集中力量，每年建成年产20万到25万吨合成氨的生产能力。

1961年5月16日，陈云为中央化肥小组起草了给中共中央的报告。报告汇报了杭州座谈会关于发展化肥工业的方针。中央不久就批准了这个报告。1961年5月5日，为了具体落实杭州座谈会的建议，陈云专门召集有关部门开会，研究确保氮肥厂建设和生产所需物资问题。他还督促化工部组织人员出国考察进口材料，注意在材料上船到卸车入库各环节都要派专人负责。

在外汇奇缺的情况下，他及时拨给了进口所需要的1600万美元外汇。后来发现一些重要材料漏订，陈云又很爽快地同意化工部补订。

由于及时明确了化肥工业的发展方针，周密组织化肥厂的建设和生产，化肥工业迅速发展，为农业生产作出了重大贡献。

农村搞包产到户以后，又出现另一些倾向，一些人承包了土地后，种懒汉田，猛施化肥，不注意保存地力，使土地都板结了，肥力下降。为此，陈云又强调，种地就要养地，要注意多用农家肥。

养猪问题

猪该怎么养，当然养猪的人最有发言权。但是，“大跃进”的时候，这件事好象变得不那么简单了。

农民家庭养猪，那是中国农村多年的习惯，养头猪就像办了一个家庭银行，家常用钱就靠它了。当时，私人养猪被一些人视为“资本主义尾巴”，很多人家养的猪和鸡鸭等家禽，被公家收走了。等到市场缺少肉、蛋，又勉强发还。“大跃进”以后，对农民私养的猪和鸡鸭，曾经两次没收，两次发还。第一次没收是1958年秋人民公社化时期，到1959年春发还；第二次没收是1959年庐山会议以后，到1960年冬发还。这么两通胡闹，吓得农民心惊胆战，养家禽的积极性一落千丈。

陈云对农村养猪的事情是非常关心的。1960年陈云曾专门召集有关部门开了两个星期的会议，座谈怎么样发展农村养猪事业的问题。陈云当时对养猪问题了解得很细致，小猪刚生下来，除了喂奶外，到什么时候该喂什么东西，长架子时该喂什么，架子长起来后育肥该喂什么东西；一头猪从出生到出售，共需要多少粮食，多少青饲料。在集体养猪时，精饲料只好用粮食，私养时每家每户有泔水，有剩饭剩菜，只是到架子长成要催肥时需要一些粮食。两相比较，国营养集体养要这么多精饲料需要多少工，需要花多少钱？私养花多少？这么一算私养显然要省得多。然后又算，喂一头猪要烧多少柴，私养只要大人小孩从地里捎带一点就够了，大规模集体养猪，就需要专门供应烧柴或烧煤。从用工来看，集体养猪要专门有人干，私养就是老太太、小孩，附带就干了。私人养猪可积肥料，卖给集体可以增加多少工分。陈云对这些问题都作了调查，最后说，看来我们的方针应该是私养为主，公养为辅。后来根据会议决定用一两天时间就起草了一个文件。1961 年初，中央规定了养猪的方针是“公私并举，私养为主”。

文件发下去，有人表示反对私养为主的方针，陈云坚决地说：“私养好呀！不要国家花钱。农民又有养猪的习惯，农民说：‘养猪不赚钱，回头看看田’。猪粪肥田多打粮食。”“公养猪养得是多，但养得这么瘦，没肉吃！”

但是，一到地方，大家都搞地方土政策，留个尾巴。当时上海市不准农民私养母猪，把农民养的母猪都作价（实际是无偿）收归集体饲养，还把这一条提到刹住农村资本主义发展的高度。由于母猪只准公养，不但产苗猪大大减少，而且公养母猪的饲养员，远不如农民细心照顾，产苗猪少，苗猪死亡也较多。

1961 年夏，陈云回到家乡青浦农村搞调查，他特别注意了养猪问题。开专题会，仅养猪一项就召集公家养猪的六七人和私人养猪的六七人各座谈两次。公社有 15 个养猪场，调查组看了 10 个，陈云亲自去看了 2 个。

在集体养猪场，陈云看到，饲养员责任心不强，喂猪时就像食堂开“大锅饭”，干稀一律，哪头猪吃得多，哪头猪吃得少，根本没有人管。在大大的猪棚下，猪圈卫生极差，里面只薄薄地铺了一点稻草，湿漉漉的，猪滚得遍体泥浆。陈云生气地说：“从来没有见过有这样养母猪的地方，这样的猪场能增产猪仔吗？”

公社干部汇报说，去年一年公养猪没赚到钱，反而亏了 3.8 万元，平均每个农户要负担 16 元。建猪场，搞基建还花了7万元。

公社化以前，私人养母猪的时候，平均一头母猪一年生十四五头苗猪，苗猪死亡率只有6%。实行公养以后，一头母猪全年平均只生4.5头苗猪，苗猪死亡率达到89%。这么强烈的对比使陈云很吃惊。但饲养场的管理人员不承认自己有什么责任，而是强调客观原因。他们说，私养母猪，几个人管一头，当然管得好，公养母猪一个饲养员平均要养10头，加上种饲料、搬饲料的人和管理人员，平均每个人要养4头，所以养不好。

陈云又仔细看农民家里怎么养猪，虚心向他们请教。农民告诉陈云，私养母猪的时候，养得好赚钱多，养不好要亏本，所以他们对母猪像对产妇一样关心，对苗猪像对婴儿一样关心。喂猪的时候很细心，也很有耐心，注意猪什么时候该吃什么、喜欢吃什么，有什么异常。母猪怀孕了注意保胎，母猪快生产时农民就睡在猪栏边守护，对比较瘦弱的奶猪特别照顾，把它放在奶水最多的第三个奶头上吃奶，这样奶猪都长得比较均匀。猪圈保持清洁，夏天割青草垫猪圈，冬天往里垫些干草，保持冬暖夏凉。这样农民私养猪养得好，又能赚钱，和公养猪形成鲜明对比。

陈云得出结论，要发展养猪业，必须把母猪也下放给农民私养，鼓励农民多养猪。不准私养母猪，就解决不了苗猪的供应。小蒸公社在两次养猪问题座谈会结束后的当天下午宣布：即日起，原由集体饲养的母猪，统交原养户领回。

以前，即使粮食很紧张的时候，陈云也主张，为了保证肉食供应，粮食分配时要考虑猪的饲料粮。但当时有一种说法：猪吃百样草，看你找不找，养猪可以不费粮。陈云这次下乡调查，也很想具体了解一下这个问题。调查以后，他得出结论，养猪还是要用粮的，只喂草，某一段时期可以，长久下来就不行，每头猪少不了50公斤原粮。养猪不用粮，不能相信。

在一次老农座谈会上，陈云问老农："把你们的猪没收对，还是发还对？"农民们面面相觑，谁也不敢说话。一个老农作了一个很有意思的回答："上面说没收、发还都是对的。"

陈云又问："你们现在敢不敢养猪？"

那个老农回答："还不大敢，说不定哪一天又是没收对了。"

陈云就对大家说，"没收不对，发还才是对的，以后再不会没收了。"

陈云的这个明确表态，开会的老农听了都喜出望外。当天这个消息就传遍了全公社。第二天是7月1日，党的生日，公社宣布放假一天。农民几乎家家都到别的公社去抢购苗猪，妇女们把所有的小船都开出去抢捞水浮莲（养猪的青饲料），掀起了一个养猪的高潮。

看到农民的积极性，陈云非常高兴，他对调查组说，你们看，现在猪归私养，妇女养猪的积极性就起来了。她要是不养猪，收工回家，除了做饭，劳力就闲起了。这样算下来，要闲下来多少劳力呵！他还深有感触地说，我们党犯了错误，必须向农民承认，不然就是改正了，农民还是不相信我们的正确政策。

后来，他根据这次调查到的情况，向中央提出建议：把母猪也下放给农民私养。

调查要听到真话

1961年6月下旬到7月上旬，陈云回到老家上海青浦县，搞了一次农村调查。陈云比较熟悉这里的情况，农民了解他，敢跟他讲真话。这样，他了解到了农村中的许多问题。

当时正是困难时期，粮食、肉蛋供应非常紧张，日用品非常缺乏，商店的东西多是陈列品，有样无货。陈云临去前特地叮嘱工作人员，到小蒸后不许在当地买任何东西，我们如果在那里买，当地群众就没有供应了；要和百姓同甘共苦，坚决谢绝烟茶招待和请客送礼。

6月27日，陈云到小蒸后，住在自己娘舅一族的亲属、农民廖开弟的家里。每天上午，陈云都深入农民家里，跟农民谈话，观察他们养猪、种自留地、住房和吃饭等情况，并参观了公社的工厂、商店和仓库。

除了亲自到各处去看，陈云还用几个下午听公社党委汇报，此外又开了10次专题座谈会。这10次专题座谈会的内容是：一、公养猪；二、私养猪；三、农作物种植安排；四、自留地；五、平调退赔；六、农村商业；七、公社工业和手工业；八、粮食包产指标、征购任务、农民积极性；九、干部问题和群众监督；十、防止小偷小摸，保护生产。

为了让农民敢讲话，陈云注意把各种人分开，干部、农民、中农、富农分头开座谈会。参加座谈会的人，都付给误工补助，误工合多少粮食也同等付给，以免影响生产队的分配。

陈云在调查中听到的真话、看到的实情，有些确实出乎意外。

干草里抠出粮食

当时还是困难时期，粮食不够吃。青浦县原来是生活比较好的鱼米之乡，过去农民习惯每天吃三餐，农忙时加一餐。“大跃进”时搞浮夸，搞高征购，农民种了地，收了粮食，却被国家拿走很多，只给农民留下不到400斤，搞得每天只能吃上一顿干饭、两顿稀饭。

调查组到那里的时候，由于组织人民公社，社员都到大队办的公共食堂吃饭。食堂缺少粮食，结果一天三顿饭，顿顿喝稀粥。他们到一个大队去参观时，大队正在开饭，看到一大锅粥。胆子大的农民愤愤地对调查组说：“蒋介石手下受难，还吃干饭；毛主席手下享福，却要吃粥。”这话很尖刻，但确是事实。农民吃不饱饭，把大队种的作为绿肥的红花草都吃光了。

为了多留下点粮食，农民也在想办法。

陈云走在小镇上，看见许多农民在家门口晾着麦秆。据当地人说，这是生产队碾麦后分给农民的，可是家家户户都把麦秆重新晾晒后，放在簸箕里搓，结果还能搓下来许多麦子。

陈云觉得很有意思，他问一个老农妇：这么搓能搓下来多少麦子？老农妇看陈云比较和蔼，就说了实话：她这么搓下来的麦粒，攒起来竟然能有一斗！

陈云分析说，这是生产队故意在打麦场上不碾干净，借着给社员分草，就把麦子分给社员了，这些粮又可以不算在社员分的口粮之内。

联系到当时的高征购、反瞒产，陈云说，我们不能多拿农民的东西，你要拿，农民总是有办法应付的，还不如不拿。应该告诉各个地方，今后不能再搞反瞒产了。

当时为了渡过粮食危机，好多地方都在寻找代食品。这一带地方有人宣传说，芋艿能高产，一亩产好几万斤，可以立即解决吃饭问题。陈云听了以后有点不相信，就问一个熟识的老农。老农也摇头说不可能。为了用事实说话，陈云请老农用稍微好一点的田搞试验，保证种子、肥料、用水，管理做得细一点，看最后到底能产多少。为了两亩试验田，陈云逐个问题解决当时的田地所有权、工分、口粮等等一系列问题，有的费用还决定由自己承担。

牢骚顺口溜

那时，农村干部中滋长了一些不良的风气，农民很有意见，就编了好多顺口溜来讽刺他们。陈云也听到一些：

“头发白松松，不做不成功，做了二百工，还说不劳动。”“大衣捧了捧，不做三百工”——对干部不参加劳动不满意；

“干部吹牛皮，社员饿肚皮。”“干部出风头，社员吃苦头。”——对干部说大话，缺少自我批评不满；

“嘴唇两张皮，翻来覆去都有理。”——基层干部跟着政策风向变，还想尽办法跟群众辩解。

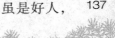

这些意见，有些是农村干部自身的问题，有些则是当时政治条件下的无奈。对农民的牢骚，陈云不仅耐心听，而且作了解释，他还体谅农村干部的难处，主动承担责任。在几次座谈会讲话时，都先说这么几句：我是国务院副总理，现在把你们搞得没有饭吃，犯了错误，对不起老乡们。请你们把我这个意思也给各位老乡讲一讲。他还风趣地问大家：“我是好人，还是坏人?”群众说：“你是好人。”他接着说；“我虽是好人，结果办了错事情。”

而对调查组查出的一个作风恶劣、群众反映强烈的农村干部，陈云当即支持作出处理。

2 不见得大于 1

小蒸地势低洼，人均耕地少，无霜期不够长，农民向来是种一季水稻，种一季夏熟作物如大豆、小麦。“大跃进”后非得让种双季稻，虽说比单季稻每亩多收 220 多斤稻谷，但陈云找他所认识的老农算了笔细账，发现种双季稻各方面损失很大，实际上并不合算。因为算上因种双季稻给寄秧田、秧田造成的减产，算上每亩多用的种子，算上不能种夏熟作物损失的收成，就少收了 250 到 270 斤粮食，还未算上多耗的肥料、少收的稻草、豆麦与水稻差价带来的收入损失。

那时农民明明连饭也吃不饱，干活都没有力气，公社还要逼迫他们种双季稻，立秋前抢割早稻、抢种晚稻时，一昼夜要弯腰劳动 16 个小时以上，这样插秧进度很慢。后来公社决定包插到户，提高了农民的积极性，插秧勉强完成了。

陈云在田头看到，水稻田里的禾苗，有的碧绿，有的却是还没有转青的黄秧。有老农向陈云反映，秧是插下了，凑合了事，插得不好，要减产。陈云问怎样能不减产，老农说要联系产量，包产到户，以促进加强田间管理。

通过调查，陈云得出结论，历史上长期形成的耕作习惯，不宜轻易变更，作物安排必须因地制宜，像小蒸乡这样无霜期不够长，地势较低，人均耕地少的地方，不宜种双季稻。种夏熟作物，也要看土质情况，多种蚕豆，少种小麦。这样，也要相应改变口粮年度安排。

棒冰论碗卖

那段时间里，每到傍晚，小镇上合作商店的店员就在街道上吆喝：棒冰，棒冰，两分一碗！开始大家还奇怪，棒冰应该论根卖呀，怎么这里的棒冰还是论碗卖的？出去一看，还真是用碗卖的。一问才知道，棒冰是上海做的，然后通过国营商业渠道，运到县里，县里再用汽车、小船运到各乡镇，乡镇再往下面分，等到了基层商店，棒冰就成了棒冰水，想不拿碗卖都不行了。陈云知道后，摇着头叹息：现在商品流通是按行政区划来管理的，不合理，可是又改不过来。

陈云参观了百货商店，本来看到商店里还有一点东西，但旁边马上有群众揭穿说，是为了应付他而摆设的。负责人汇报说，商店现在亏空很厉害，群众需要的东西短缺，没有小铁锅，只有食堂用的大铁锅，没有套鞋，没有农民常戴的毡帽，没有花格布、花条子布……陈云听了汇报后说，现在是上面拨给什么卖什么，不是群众需要什么卖什么，做生意不是这样子做的，这是官家生意。

小蒸公社靠近黄浦江，过去有许多渔民下午开船到黄浦江去捕鱼，黎明运到上海，就在上海出卖。解放后上海市为了保证水产品供应，规定青浦县每月要向上海供应一定数量的水产品。因此青浦县规定渔民的鱼不准在上海出售，必须运回青浦，卖给县水产公司和下属收购点，再由县水产公司运到上海去完成供应任务。这样多次来回运输，耽误了渔民的时间，而且往往把活鱼运成死鱼，价格大落，渔民有时只好把鲜鱼做成咸鱼上交。而到市场上，光一加这些运输费用和手续费用，鱼价就很高了。

陈云了解到这个情况以后，又亲眼看到鱼行准备上交的死鱼，十分惊讶。觉得这样做太不合理。他亲自找到青浦县委和水产局的负责人谈话，劝他们准许渔民在上海出卖鱼。青浦县委很为难，他们说，如果这样做，必须由上海市委取消我们的供应任务，上海市是不会同意的。陈云无奈，只得把这个问题搁置起来。

事后陈云叹一口气对周太和等人说："我一个党中央副主席，连这样一个小问题都解决不了，实在对不起人民。"回到上海后，陈云把这个意见向上海市委反映，市委书记陈丕显亲自出马才解决了这个问题。但是由于事情牵涉整个商业流通体制，这个问题始终没有从根本上得到很好解决，水产品仍要经过几个批发环节才能进入市场，所以市场上看不到活鱼。这个问题直到十一届三中全会以后，才逐渐得到解决。

7 月 12 日下午，陈云一行完成调查任务，离开小蒸。陈云把这次调查发现的问题和几点建议整理出来，专门给中共中央总书记邓小平写了一封信。陈云在信中把这次了解到的群众的意见概括为 4 点：一是粮食吃不饱；二是基层干部不顾实际、瞎吹高指标，参加劳动少，生活特殊化；三是干部在生产中瞎指挥，不向群众进行自我批评；四是没有把集体生产组织好，农民积极性差，相反，对自留地、副业生产积极性高。随信附了这次青浦农村调查的 3 个专题调查报告：《母猪也应该下放给农民私养》《种双季稻不如种蚕豆和单季稻》《按中央规定留足自留地》。

看准了的事就要说

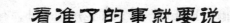

三年困难时期，粮食生产跌入低谷，对此，陈云心里一直非常着急。1961 年，他到家乡农村搞了一次调查，发现由于公社化后集体生产和分配组织得并不好，农民生产的自主性、积极性都不高，相反，种自留地、家庭养猪的积极性却非常高。他就考虑，为了恢复生产，不妨想办法把这部分积极性更充分地调动起来。

调查回来的时候，路过上海，陈云听说了安徽省包产到户的消息，他很重视，要身边工作人员认真研究这个问题。

1962 年初，他担任中央财经领导小组组长以后，提出全党都要研究农业问题，他首先就带头研究。这一年春夏之交，陈云在杭州、上海休养时，经常考虑如何解救缺粮的农民，如何加快恢复粮食生产。他对当时一些地方的包产到户做法非常感兴趣，对此作了更深入的了解、思考。

包产到户，是一些地方为了克服合作化和公社化以后吃平均主义大锅饭的毛病，实行联系产量、责任分解到农户的一种生产责任制形式。从合作化以后，浙江温州和安徽一些地方就开始试行。对促进农业生产起到了很明显的作用。三年困难时期，由于粮食问题严重，各地方纷纷寻找解决办法，包产到户适应了农村生产力水平，被很多地方采用。

安徽是“大跃进”时期行动比较积极的省份，灾难来临时，老百姓遭的罪也特别多。难能可贵的是，当时安徽的主要领导能够认真反思，对农民自发采取的适应生产力水平的包产到户做法，加以肯定，适当引导，并向毛泽东和中央其他领导推荐。

除了安徽搞“责任田”形式的包产到户外，有些灾情严重的省也有类似的做法，有的省划出了口粮田（如河南），由一家一户包产最低数量的口粮；有的省扩大了自留地等等。当时在中央主持农村工作的邓子恢，认为安徽实行“责任田”是救急办法，颇有成效，他宣传这种做法，并布置推广。但对这个问题也有不同意见，有人认为这是分田单干，与社会主义集体化道路是相违背的，会引起农村两极分化，对农民特别是孤寡老弱不利。

陈云很慎重。他主张，应该允许试验，不要忙于做结论。他要粮食部派一位副部长去安徽调查。调查结果，认为他们有五个统一，即统一安排粮食生产计划，统一大农活，统一管水用水，统一打场，统一分配（包产数字以内的），不是单干，是克服困难的办法。这份调查报告，以“简讯”形式上报中央。

陈云虽然仍在休养中，但看了安徽搞责任田的材料后，非常重视，认为与他在农村所见、所设想的恢复农业生产的办法是一个路子。他指出，这是非常时期的非常办法，肯定了这类做法，叫作“分田到户”也好，叫作“包产到户”也好，总之，国家遇到了如此大的天灾人祸，必须发动农民，依靠农民，尽快恢复生产。

恰好在这时候，毛泽东的秘书田家英来到上海，他刚在湖南搞了一次调查，那里的农民对包产到户的呼声非常高，他打算给毛泽东反映。他先找到陈云，把自己的调查报告给陈云看了，并向陈云讲述了自己的见闻和想法，陈云很赞成，并夸他的调查报告“观点鲜明”。

但毛泽东对这个问题看法不同，他对阶级分化和阶级斗争的形势看得很严重，曾经对田家英讲：“我们是要走群众路线的，但有的时候，也不能完全听群众的，比如要搞包产到户就不能听。”

陈云对这个问题已经考虑了很久，有了非常成熟的看法。他打算亲自向毛泽东提出包产到户方案。他把这个想法透露出来以后，有的人好心地劝他慎重，因为那时候党内政治生活很不正常，毛泽东不同意这办法，提出来恐怕不会有好效果。

但是，陈云看准了的事情，他是非常坚决的。他激昂地说：“我担负全国经济工作的领导任务，要对党负责，对人民负责。此事既然看准了，找到了办法，提与不提，变与不变，关系到党的声誉，关系到人心向背，怎能延误时机!”

这年 7 月 6 日，陈云给毛泽东写信说：“对于农业恢复问题的办法，我想了一些意见，希望与你谈一谈，估计一小时够了。我可以走路了，可以到你处来。”

毛泽东接信后，请陈云去谈话。陈云主要阐述了个体经营与合作小组在我国农村相当长的一个时期内，还是要并存的，现在要发挥个体生产的积极性，以解决当前农业生产中的困难。具体的办法，陈云称为“分田到户”，实际上就是包产到户。

毛泽东听完，没有表示什么意见。但第二天早上就传出，毛泽东认为陈云的建议是错误的，很生气，严厉批评说：“分田单干”是瓦解农村集体经济，解散人民公社，是中国式的修正主义，是走哪一条道路的问题。

8 月上旬，中共中央在北戴河召开工作会议，把包产到户的主张定性为“单干风”，予以猛烈批判，上纲到是无产阶级专政还是资产阶级专政，是走资本主义道路还是走社会主义道路的问题。此后，陈云的处境十分困难。

直到三中全会以后，包产到户才在农村开花结果，促成了农业生产的飞速发展和农村面貌的根本改观，展示了强大的生命力。

江西"蹲点"

"文化大革命"的时候，陈云受到冲击，只保留了党中央委员的名义。红卫兵两次抄了他的家，连他收集的一些苏州评弹的唱片也差点被当作"四旧"销毁，幸而周恩来派人保护了他。

1969年，中苏边界发生武装冲突，中央领导人被从北京疏散到外地。这年10月，陈云来到江西，被安排在江西化工石油机械厂蹲点。说是"蹲点"，但不是去帮助解决什么问题，而是去"接受工人阶级再教育"、"改正'错误'"。

陈云对"文化大革命"的那一套很反感。有一次参加工厂的班组会，他讲，我参加你们的生产会，感到你们的会开得比较好，工厂就是要搞生产，如果工厂只闹革命不搞生产，经济怎么发展，国家怎么发展！

1970年4月，中国成功发射了第一颗人造卫星，中央人民广播电台播放了卫星发射回来的"东方红"乐曲声。陈云也为国家能有这样的成就高兴。他要司机把小轿车上的收音机打开，让厂里的工人都来听乐曲。有人问他："人造卫星为什么会放音乐？"陈云若有所思，答非所问地说："其实这颗人造卫星早就应该上天了！"困难时期搞调整，好多项目都下马了，但陈云仍然支持搞人造卫星项目。要不是"文化大革命"干扰，人造卫星确实早就上天了。

当时不让他看中央文件和内部参考，陈云就抓紧时间学习。来江西的时候他带了两个大铁皮箱子的书，都是马列著作和毛泽东的著作，除了去工厂和外出参观，平时他的时间都用来看书，他从这些马列主义经典中汲取营养，思考、分析着这场史无前例的浩劫。

对陈云来说，"蹲点"也是接触基层、接触工人群众的机会。厂里的各个班组他都去过，看生产、看技术革新，与工人谈心，也不时提出一些改进工作的意见。他到工人家里去访问，从米缸里抓起一把米看米的质量，看看油瓶里有多少油，了解工人家庭人口情况，算算粮油定量够不够。他到工厂的职工食堂，看饭菜的花样多不多，质量好不好，价钱合适不合适，还摸摸工人的碗看饭菜热不热。根据他的建议，厂里还专门开了座谈会，讨论把食堂搞好的问题。

工人群众也很敬重陈云。陈云来班组开会，大家自动把场地打扫整理得干干净净。冬天下雪，工人还把车间门口的雪扫干净。冬天开会冷，工人就请陈云坐在太阳晒得到的地方，太阳移动了，他们又请陈云跟着搬移。有一次，陈云准备到南昌郊区农村去调查，工人知道后，特意给他做了一个帆布小折椅，送给他随身带着用。陈云很高兴，说："我要把这个小折椅带回北京去，告诉毛主席，这是工人师傅给我做的。"

两年半的光阴过去了，中国的政局发生了变化。1971 年，林彪反革命集团暴露，毛泽东对"文化大革命"的错误有所改正。这样，1972 年 4 月，陈云离开江西，返回北京。

“我们可以利用交易所”

1973 年到 1974 年，陈云协助周恩来总理抓了一段时间的外贸工作。那时候还是“文化大革命”期间，各种各样的限制很多，很多事情不好办，外贸也是这样。为了尽力避免“文革”的极左思潮的影响，陈云要求大家从实际出发。

那年 4 月，中国粮油食品进出口总公司布置香港华润公司所属五丰行，尽快购买年内到货的原糖 47 万吨。过去接到这种任务，有关机构不敢利用交易所，只好直接到国际市场买，资本家一听中国要进口，趁机大涨价，使我国蒙受巨大损失。这次，五丰行没有这么做，而是先委托香港商人出面，在伦敦和纽约砂糖交易所以平均每吨 82 英镑的价格购买期货 26 万吨，然后立即向巴西、澳大利亚、伦敦、泰国、多米尼加、阿根廷等地购买现货 41 万吨，平均每吨 89 英镑。

中国大量采购砂糖的消息传出去后，交易所糖价猛涨，每吨达 105 英镑。五丰行将期货卖出，扣除给中间商的费用和利润，他们净赚了 240 万英镑。

完成了任务，又赚了一大笔钱，这样的好事上哪儿找去？但那时候的逻辑就是怪，把交易所与投机联系起来，认为这是资本主义剥削工人阶级的玩意儿，“阶级成分”不好。这样一来，通过交易所赚来的钱就有沾上“资产阶级的铜臭味”的嫌疑，怎么向上级交代呢？

陈云知道后，亲自出面解决了这个问题。他搞工作实事求是，不受这些框框的束缚。他看事情，首先看是不是好事，只要认定是好事，就可以找出变通办法来，不怕“犯错误”。

这一次，他也认定了这是好事。他为国家对外贸易部起草了向国务院的请示报告。在报告里，他讲清了事情的前后经过后，主张可以试着通过交易所做买卖，并提出了5点看法：

一、要注意在国际市场购货时，既要完成任务，又要避免价格上涨的损失。

二、交易所是大宗商品成交场所，不能消极回避，而应该研究和利用。

三、利用交易所是迂回保护性措施，不是为了投机。

四、利用交易所只为买进确实需要的物资，不做投机。

五、利用交易所的过程中，不能有任何浪费。

不修住房

1949 年 5 月，陈云从东北调到北京工作，住进了北京西城区北长街的一个独院的一座两层楼房，这一住就是 30 年。

刚搬进去的那个夏天，就发现房子漏雨，行政部门赶紧把房顶的瓦全部换了。这以后好多年，陈云就不让再修住房了。房子住久了，难免陈旧，墙皮都斑驳、掉色了，工作人员多次向陈云建议，请人来粉刷一下，陈云不同意，说："这不影响我办公，没必要粉刷。"

1976 年 7 月 28 日，河北唐山发生了强烈地震，北京也受波及。工作人员检查了陈云的住房兼办公室，发现南墙被震出一条 2 米多长、两三厘米宽的裂缝，他们赶紧报告了行政部门。

行政部门请专家再全面检查了一遍，发现问题很多。由于年久失修，房顶木支架的木质已经变朽，地震中又发生了错位和松动；楼房离故宫的护城河太近，地下潮湿，砖砌的房基被浸蚀得很厉害；墙壁里外两面虽然都是整砖砌的，中间却只用碎砖瓦片和泥土填充，几十年过去也不牢固了。他们感到，让一位中央领导住在这样一幢安全没有保障的房子里是很不妥当的，就在别的地方替他安排了另一处住房，计划把老房子拆掉重建，建好后再请他搬回来住。

陈云听了汇报后不同意。他给大家说："我一进北京就住在这里，到现在已有 20 多年了，俗话说'金窝银窝不如穷窝’，我还舍不得离开这里呢！这幢楼房虽然老了旧了，我看总比北京一般市民住的房子要好得多吧！像这样的房子要拆掉，周围老百姓看了要说话的，影响不好，做事不能脱离群众。我不搬。”

大家都不放心，过几天，身边工作人员又去动员他搬家。他们说，你不搬，如果以后再发生较强地震，首长的安全出了问题，我们可负不了这个责任。陈云说：“这个责任不要你们负，是我决定不搬的，由我来负。”他们又劝说，你是国家领导人，总不能什么都和老百姓一样吧！这不是搞特殊化，这是为了保证安全。陈云还是说：“拆了老楼盖新楼，群众影响不好，我们不能做，我不搬。”

没有办法，机关行政部门只好采取加固措施，在房子里搭了支架，陈云就在这样的支架下继续办公。直到1979年，他担任了党和国家的重要职务，为了工作上的需要，才在有关部门劝说下搬进了中南海。

冲击“两个凡是”

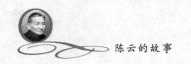

1976 年 10 月，中共中央粉碎了“四人帮”，持续 10 年的“文化大革命”的噩梦终于结束了。人民群众拍手称快，希望赶快纠正过去的错误。

但是，当时的中央领导人华国锋，提出“两个凡是”：即“凡是毛主席作出的决策，我们都要坚决拥护；凡是毛主席的指示，我们都要始终不渝地遵循”。这样一来，就给纠正“文化大革命”的错误设置了障碍。广大干部和群众很不满意，说按这样的方针办，完全继承了过去的错误做法，等于没有粉碎“四人帮”。

为了顺应人民的要求，陈云和其他老干部一起，以当时群众反映最强烈的天安门事件和邓小平恢复工作的问题为突破口，对“两个凡是”方针发起了冲击。

邓小平是党内外享有很高威望的领导人，“文革”开始时被诬蔑为“中国第二号走资本主义道路的当权派”被打倒，1973 年恢复工作后，领导了整顿工作，开始系统纠正“文革”错误，受到人民群众的热烈拥护，却遭到“四人帮”一伙的忌恨。不久他就在所谓“反击右倾翻案风”的政治运动中再次受到批判。

1976 年 1 月 8 日，全国人民敬仰的周恩来总理去世了。清明节前后，许多群众为了寄托哀思，并表达对江青为首的“四人帮”祸国殃民罪恶行径的愤恨，聚集到天安门广场，向人民英雄纪念碑献花圈，并用作诗、演讲等形式，声讨“四人帮”。结果，这样一场伟大的群众运动遭到残酷镇压，被打成了反革命事件。“四人帮”一伙还诬陷邓小平是天安门事件的黑后台，使他被撤销了党内外一切职务。

这件事情毛泽东是同意的。按照“两个凡是”，天安门事件得不到平反，邓小平也不能恢复工作。这样一来，各方面的工作都无法进入正轨，处在徘徊之中。

1977 年 3 月，中共中央召开了工作会议。陈云向会议提出了一份书面发言，提出：

我对天安门事件的看法：（1）当时绝大多数群众是为了悼念周总理。（2）尤其关心周恩来同志逝世以后党的接班人是谁。（3）至于混在群众中的坏人是极少数。（4）需要查一查‘四人帮’是否插手，是否诡计。

为了中国革命和中国共产党的需要，听说中央有些同志提出让邓小平同志重新参加党中央的领导工作，是完全正确、完全必要的，我完全拥护。

在会上，王震也大声疾呼：为了中国革命和中国共产党的需要，应当让邓小平重新参加党中央的领导工作。

会议组织者认为这两个发言与“两个凡是”不符，找到陈云请他修改，陈云坚持自己的观点。王震的态度也很坚决。组织者无可奈何，只好找当时的中央领导人请示是否把他们的发言登在会议简报上。得到的指示是：“不符合‘两个凡是’的精神，不登!”

发言虽然没有在会议简报上刊登，但他们的意见传出后，得到了与会大多数人的支持。

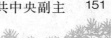

在党内外广大干部群众的强烈要求下，华国锋被迫同意让邓小平复出。1977 年 7 月，在中共十届三中全会上，邓小平恢复了中共中央委员、中央政治局委员、常委，中共中央副主

席、中央军委副主席、国务院副总理，中国人民解放军总参谋长的职务。邓小平不负众望，领导了全面的拨乱反正工作。1978年底，“天安门事件”也得到平反。

1977年9月28日，为了纪念毛泽东逝世一周年，陈云还在《人民日报》发表《坚持实事求是的革命作风》一文，指出：实事求是马克思主义的根本思想路线问题。离开实事求是的革命作风，那就离开了马克思列宁主义、毛泽东思想，工作就要失败。是否坚持实事求是的革命作风，实际上是区别真假马克思列宁主义、真假毛泽东思想的根本标志之一。这实际上是对“两个凡是”指导思想的猛烈批判。

后来，经过全党范围内对真理标准的大讨论，确立了实践是检验真理的唯一标准，扫除了思想路线上拨乱反正的障碍，开创了改革开放的新时期。

打算盘

1978年秋的一天上午，杭州玉泉公园里，茶座的女会计正在“劈里啪啦”地打算盘算账，几个人陪着一位慈眉善目的老人慢慢走了过来。

老人饶有兴致地看着女会计打算盘。一会儿，他很和蔼地对她说，你的算盘让我打一下行吗？女会计抬头看见是位头发花白的老人家，就尊敬地说：好的，你打吧。

老人坐下来，大家都很感兴趣地围在他身边，看他非常熟练地拨拉着算盘珠。清脆的声音回荡在四周。老人笑了，陪同的人都笑了。女会计也笑着用杭州话对他说，你算盘打得真好。打算盘的老人则用一口上海话回答她：谢谢你！

一位陪同人员拿出照相机，把这组镜头摄了下来。1981年8月，这张照片刊登在浙江的一家刊物上，告诉人们：这位打算盘的老人就是陈云。陈云早年就学会了打算盘。在上海商务印书馆当店员时，这更是一门谋生的本领。建国后，在他担任中财委主任、政务院副总理时，身边也准备了一个算盘，经常用来计算各种经济数据。他说算盘用起来方便、快捷，一直舍不得丢掉。

照片旁，配发了中国佛教协会会长赵朴初写的一首诗：“唯实是求，珠落还起。加减乘除，反复对比。运筹帷幄，决胜千里。老谋深算，国之所倚。”这首诗是对陈云这位老一辈无产阶级革命家为新中国经济建设筹谋擘划的形象写照。

“越轨”的发言

粉碎“四人帮”以后的两年时间里，极左思想影响还很大，对过去的错误没有能够进行系统、全面地清理、纠正，各方面的工作进展不大，处于徘徊局面。陈云和许多老干部对这种局面感到十分担心。

1978 年底，中共中央召开十一届三中全会。全会前，从 11 月 10 日至 12 月 15 日，先召开了中央工作会议。11 月 10 日下午举行的开幕会上，华国锋宣布会议主题是经济问题。

11 月 12 日，陈云在东北组作题为《坚持有错必纠的方针》的发言，逾越了华国锋预先设定的轨道，对一些重大政治是非问题提出意见。

陈云指出：安定团结是全党和全国人民关心的事，干部和群众对是否能安定团结是有所顾虑的。对有些遗留问题，影响大或者涉及面广的问题，中央应该给以考虑和决定。他公开提出了几个问题：

第一：所谓薄一波等 61 人叛徒集团一案。

1936 年，在全国抗日救亡运动高涨的形势下，中共中央北方局为了开展工作，解决缺乏干部的问题，报请中共中央批准，指示薄一波等一批被关押在北平军人反省院的中共党员，可以履行敌人规定的手续，即办所谓自首手续，或填写一般的反共自愿书，争取出狱。薄一波等人出狱后，对开展华北抗战起了很大的作用。

可是谁也没有料到，革命胜利十多年后，来了一场颠倒是非的“文化大革命”。1967 年 3 月，这批忠贞的共产党人，竟会被诬为“叛徒集团”而横遭迫害。

陈云本着对党负责、对干部负责的态度，率先提出，他们出反省院是党组织和中央决定的，不是叛徒。

经过组织部门的努力，12 月 16 日，中央就为这个冤案进行了平反。

第二，进一步提出，中央应该承认“七七决定”和 1941 年决定是党的决定。

1937 年 12 月，陈云从苏联回到延安后，就担任中央组织部长，对抗日战争时期的组织工作，十分熟悉。

全面抗战开始以后，为了适应党的工作迅速发展的形势，当时迫切需要大批干部，中央组织部在 1937 年 7 月 7 日作出决定，对经过党组织允许，履行过敌人规定的出狱手续的党员恢复党籍，未经党组织允许而履行出狱手续的党员，经过工作考察以后，也可以恢复党籍。

陈云当组织部长时，虽然还不知道有这个文件，但针对延安整风中审干遇到的问题，1941 年也作过一个类似的决定，经过中央批准发布，对纠正延安审干工作的偏差起到了很好的作用。

“文化大革命”中，“叛徒”帽子满天飞，只要在过去复杂的革命战争年代被捕过，就摆脱不掉“历史问题”的阴影。一些在反动派监狱里坚贞不屈、横遭摧残的党员，在革命胜利后，竟被打成叛徒，重受牢狱之灾。

陈云对此十分痛心。他提出，被错误定为叛徒的同志应给予复查，如果并未发现有新的真凭实据的叛党行为，应该恢复他们的党籍。

陈云还提出，在抗日战争时期和解放战争时期，在敌我边际地带有一个所谓“两面政权”问题。当时党组织决定一些党员在敌伪政权中任职，掩护我军的工作。这些党员在“文革”中也大多数被定为叛徒，这是一个涉及到数量更大的党员的政治生命问题，也应该由党组织复查，对并无背叛行为的同志应该恢复党籍，对他们作出实事求是的经得起历史检验的结论，这对党内党外都有极大的影响。不解决这些同志的问题，是很不得人心的。

第三，陶铸、王鹤寿等一批干部的问题。

陶铸、王鹤寿等一批中共党员，抗日战争前被敌人逮捕，关进了监狱。但他们在监狱里继续同敌人进行了坚决的斗争，抗战后国共合作，党组织向国民党把他们要了回来。这样坚定的党员，“文化大革命”中或者被定为叛徒，或者虽然恢复组织生活，但仍留着如“有严重政治错误”之类的尾巴。

陈云提出要解决他们的问题。

陈云对当时审查干部仍保留“文化大革命”中专案组的做法提出异议。他要求把中央专案组的材料中属于党内部分的问题移交给中央组织部，由组织部复查，把问题放到当时的历史情况中去考察，做出实事求是的结论，结束现在既有组织部又有专案组的不正常状态。

中央迅即采纳了这个意见，使平反冤假错案的工作大大加快。

第四，彭德怀的问题。

彭德怀是久经战阵的老革命家，为革命立过大功，当过国防部长。1959 年在庐山会议上，他因为实事求是地指出“大跃进”的错误、要求采取措施改正，而被打成反党集团之首领。这件事与毛泽东关系很大，是一个很敏感的问题。

陈云提出，彭德怀是担负过党和军队重要工作的共产党员，对党贡献很大。过去说他犯过错误，但没有开除出党，骨灰应放到八宝山革命公墓。

第五，天安门事件问题。

陈云在“文化大革命”后不久就提出要为1976年清明的天安门事件平反，受到压制。这一次，陈云再次肯定天安门事件是几百万人民群众悼念周恩来、反对“四人帮”、不同意批邓小平的一次伟大的群众运动，要求中央肯定这次运动。

11月14日，经中共中央批准，北京市委宣布为天安门事件平反。各地也先后为与此有关人员平反。

第六，康生问题。

康生曾经是党的一个高级干部，但是他在党内斗争中多次起过很恶劣的作用，伤害了一大批革命同志。“文化大革命”时，康生是中央文革顾问。他那时候呼风唤雨，随便点领导干部的名，煽动红卫兵和造反组织去揪斗、打倒领导干部，对在中央各部和全国各地造成党政机关瘫痪状态负有重大责任。

陈云指出，康生的错误是严重的，中央应给以应有的批评。他对康生这种见风使舵、不讲原则、出卖灵魂陷害同志、牺牲革命利益以向上爬的小人表示了极大的愤慨。

在当时的环境下，不解决定安团结问题，就不可能顺利实现工作重点的转移，就不能有效地调动全党和全国人民全心全意投身“四化”建设的热情。陈云的发言，实际上是涉及“文化大革命”及在此之前的“左”的错误的重大问题。这一系列影响大、涉及面广的政治问题的提出和解决，使拨乱反正工作大大推进一步，并为彻底纠正“文化大革命”及其以前的“左”倾错误作了准备，因而理所当然地得到与会者的热烈拥护和响应，使会议冲破华国锋规定的框框，在畅所欲言的气氛下活跃起来。

根据会议的这种发展状况和历史发展的需要，中央政治局常委决定，放手让大家讲话，以总结工作，肯定成绩，批评错误，分清是非，使大家敞开思想，畅所欲言。这样一来，会议偏离了事先定下的轨道，转向讨论政治问题，为党的十一届三中全会实现重大历史转折奠定了基础。

党的十一届三中全会后，形成了党的第二代中央领导集体。陈云担任了中共中央副主席、中纪委书记、国务院财经委员会主任，重新回到了中央领导核心中。

宝钢调查

屹立在东海之滨的上海宝山钢铁公司，是我国一个现代化水平很高的大型钢铁企业，在国家经济建设中起着重要作用。当年为这个工厂的上马、下马问题曾经有过很大争议，陈云经过调查，最后拍板定案。

那是在粉碎“四人帮”以后，大家都急于把被“文化大革命”耽误的时间抢回来，经济规模又开始膨胀。特别是由于对利用外资没有经验，只看到利用外国资金和技术的有利条件，没有考虑国内财力物力的条件，规划了很多大项目。1978年2月26日到3月5日，五届人大一次会议在北京举行。这次会议通过的《10年规划纲要》提出，从1978年到1985年，要新建和续建120个大项目，其中有10大钢铁基地，9大有色金属基地，8大煤炭基地，10大油气田，30个大电站，6条铁路新干线，5个重点港口，全国基建投资竟相当于过去28年的总和！当时省事的说法是要搞10个鞍钢、10个大庆。这样一来就出现物资、资金紧张等一系列问题。受到长期动乱严重破坏的国民经济，又添上了新的创伤。后来这次经济上的失误被称为“洋跃进”。

对这样的建设和引进规模，陈云很不放心，曾经提醒有关领导要多听听不同意见。1978年12月10日，他在中央工作会议上发言，就经济工作发表意见，主张工业引进项目要循序渐进，不能窝工，对于生产和基本建设都不能有材料缺口。

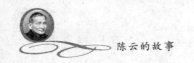

1979 年 3 月 14 日，中共中央决定在国务院设立财政经济委员会，作为研究制订财经工作的方针政策和决定财经工作大事的决策机关。陈云担任了财经委员会主任，向中央提出要对国民经济进行调整。这一方针得到了中央的同意。

在调整工作中，陈云着重抓了宝山钢铁厂的建设问题。

1978 年 12 月 22 日，中国技术进出口总公司和新日铁钢铁公司在上海签订了关于订购上海宝山钢铁总厂成套设备的总协议书。12 月 23 日，宝山钢铁总厂正式开工建设，预定分两期、用 7 年时间建成。

在当时，宝山钢铁厂是一个超级引进项目，国内有关部门概算的总投资是是人民币 200 亿元。以当时全国人口计，平均每人要为宝钢分摊 20 元。1978 年同外国签订了 22 个大项目，初步估计，把这些项目全部建成，大约需要 600 亿元。由此可见宝钢建设在国内建设中占有举足轻重的地位。这一项目上马后，立即在国内引起很大的争议。

宝钢投资规模巨大，对国民经济全局影响甚巨。而且，很多当初没有全面考虑的问题，开工后都暴露出来。公路等基础设施严重不足，建钢铁厂需要新建配套；华东电力、用水本来就紧张，再加上一个宝钢就更困难；上海地质条件也是个问题，光打地基就要花不少钱，有人形容宝钢是用钞票一寸一寸垒起来的，等等。人们议论纷纷。

宝钢建设，已经同外商订了合同，日本方面行动很迅速，按照协定准备了材料，组织生产，大批引进设备源源不断地运抵中国。由于风闻中国即将全面开始经济调整，外国厂商担心影响自己的利益，更是加速向中国抢运设备，货物已按协议交付，中国方面就不好说不收、不建了。已经订了合同，如果不履约，外商是要索赔的，那样的损失相当大，也严重影响中国的国际声望和信誉，对进一步的对外开放十分不利。

在国内，宝钢从 1978 年破土动工以来，建设工程已全面展开，高炉、焦炉、转炉和电站等主体工程基础桩都已打完，现场施工队伍已经集结了四五万人。一下子也难以停顿下来。

但是，如果宝钢照原计划建设，调整方针就会落空，进口设备要占用大量外汇，还需要有相应的国内配套设备和材料、资金，大体上是一美元需要一元人民币的物资和资金来配套，根据当时的财力物力，无论如何是配不起的。

当时意见很不一致。有的说要全部下马，有的说可以部分下马，还有说下马损失太多受不了；有的说已经进口的设备先放起来，形势好转了再说；有的却说与其保存在仓库里，倒不如把它安装起来，哪怕不能开工也行。众说纷纭，谁都占理。这个决心不好下。

显然，宝钢问题是关系调整能否真正落实的关键。陈云亲自抓了这个问题。他没有轻易下结论，而是先作了一番周密的调查。这次调查从 1979 年 4 月底 5 月初开始，那时，宝钢建设已经上马，而国内又议论纷纷，处于“骑虎难下”状况。

陈云看了宝钢上马的一些材料，又把宝钢建设规划与鞍山钢铁公司的情况作了一些对比，有了一个初步的想法：宝钢工程的一、二期建设，可以适当拉开间距。

陈云认为，鞍钢 1901 年开始建设，日本人搞了 40 多年，建国后搞了 30 多年，前后 70 年，才搞到 600 万吨；宝钢规模相当，用 7 年时间建成，虽说有几十年建设经验，毕竟有些工作还有困难，这是大事，不能含糊。

他还担心，匆匆忙忙搞突击，一些问题来不及处理，积累下来，等完工了，出不来钢铁，那就不好办。对外国设备，陈云并不迷信，他认为，外国设备也是有问题的，要注意。

那一段时间里，建设周期问题是陈云考虑的主要问题。

5 月 9 日，国家计委、经委、建委、冶金部和中国人民银行关于宝钢建设问题向国务院财经委员会和国务院提交报告，主张：主体设备引进，当然也买技术和专利，但为了增加国内自制设备的能力，将3套轧机改为同外商合作制造；二高炉及三、四号焦炉等大大增加国内分交的比重。把原计划1981年底建成一高炉系统、1983年底全部建成的进度，予以调整、推迟，不要操之过急。

5月11日，陈云看了这个文件，对其中的建议作了认真的思考。

其后不久，陈云要薄一波代表国务院财经委员会，召集多年搞财经工作特别是冶金工作的七八个人开了两次会议，这些人是姚依林、薄一波、王鹤寿、吕东、沈鸿、柴树藩等。他们经过讨论，也赞成陈云的意见，认为可以把建设周期拉得长一些。另一方面，主张立足国内，多分交一些设备，锻炼自己的机械制造能力，只进口关键设备，以便发展国内机械工业。

陈云很重视这个意见，觉得有道理。

不久，中央经过讨论，下了决心，要把宝钢工程搞到底。如何把这项国内外瞩目的重大工程安排好，而又不影响到调整方针的贯彻，成了一个很棘手的问题。

5月31日，陈云为了取得第一手的资料，亲自赴上海，进行调查研究。

到上海后，陈云对前一段考虑的结果进行了反复思考，又有了新的想法。

他觉得，立足国内，当然符合自立更生的建设方向，但是搞大型现代化钢铁企业，国内实在缺少必要的经验，冶金部、一机部的能力令人担心。国内的机械制造能力集中力量搞一些项目，有过成功经验，但宝钢关系太大，不能拿来练兵，还是立足国外比较保险。技术资料也要全套买下来。

6月1日，陈云与上海和宝钢方面的负责人谈话时，提出了这个想法。他们也主张设备全部进口。

在上海，陈云多方征求对宝钢建设的意见，并摆出自己的想法，鼓励大家提出各自的见解。他在上海召集上海钢铁一厂、三厂、五厂和冶金局的人士座谈对宝钢建设的意见，他们表示对这些情况了解不多，陈云就要求有关部门多通气，多听取他们的意见，不要过于强调保密问题，不让别人接触。

6 月 6 日，陈云结束在上海的调查，回到北京。从全盘考虑，他最终决定还是按有关部门的意见，设备要进口，也要有一部分在国内分交。技术资料要全部买下来。

一个半月之内，陈云集中考虑宝钢建设方针，三度反复，才最终拍板定案。

6 月 16 日，陈云在中南海主持召开财经委员会会议，讨论宝钢问题。在会上，他根据一段时间来的调查研究和反复思考的结果，提出了 8 点意见：

一、干到底。这是先念同志也讲过的，举棋不定不好。

二、应该列的项目不要漏掉。是否还有没想到的，预先预料到比事后追加要好。外部协作条件，如煤、电、运输、码头、机电等等，都要考虑周到。

三、买设备，同时也要买技术、专利。

四、要提前练兵。宝钢技术先进，各方面都要求很高，一定要抓好技术练兵，以保证产品质量，并可在国内推广先进技术。

五、由建委抓总。负责人第一是谷牧，第二是韩光，冶金部有叶志强，上海市是陈锦华。

六、对宝钢要有严格的要求，甚至要有点苛求。只能搞好，不能搞坏。宝钢是四化建设中第一个大项目，一定要作出榜样来。

七、冶金部有带动其他各部的责任。冶金部是重工业各部中一个重要部门，特别是壮大一机部机械制造能力，是冶金部应有的责任，冶金部应有这样的全局观点，各有关部门像煤、电、铁路、水运、一机部等，都必须同心协力，把宝钢的事情办好。

八、冶金部要组织全体干部对宝钢问题展开一次讨论，采纳有益的意见。对不同意见，也要听取，目的是为了把工作做得更好。要组织全国的冶金建设专家，讨论宝钢，让他们过问、接触、关心这件事情。宝钢应是个新的现代化水平的工厂，外国专家要请，但最后还要靠我们的现有专家，把经验提高起来。

会议一致同意陈云的意见。会后，主要根据陈云和李先念的意见，形成了中财委关于宝钢建设问题向中央的报告。9月经陈云、李先念批准，上报中央，中央常委圈阅同意，宝钢建设在总体上即按照报告精神贯彻执行。

根据陈云的意见，宝钢一期工程继续干下去，二期工程延期，二期对外已签的合同按合同进行赔偿，已进口的设备得到妥善保管。这样，既有利于经济调整，又保住了这个必要的建设项目。

宝钢一期工程于1985年9月建成投产，一年后各项指标就达到和超过了设计水平。工程质量全优，获国家金牌。一期工程建成后产生巨大效益，为二期工程提供了资金。整个宝钢的工程技术达到了20世纪70年代末、80年代初的水平。二期工程的连铸、热轧、冻轧系统主体设备技术已达到80年代中、后期的水平。宝钢的一些关键性技术经济指标如劳动生产率、产品质量、能耗、环保等等，在国内都居于前列，在世界上也是比较先进的水平。另外，宝钢引进的技术、现代化管理方法，经消化、创新，已在全国冶金系统逐步推广。另外，宝钢建设对机电、交通、煤炭等行业的现代化建设起到一定的促进作用。实践证明，建设宝钢的决策是正确的，党中央、国务院对宝钢建设的领导是强有力的。

1986 年 5 月 18 日，陈云以八十高龄亲自视察了宝钢，除听取宝钢负责人的汇报外，还视察了炼钢厂、原料码头、焦化厂、炼铁厂和初轧厂，亲自看了出焦和出钢。他对我国以较快速度建成一个现代化的大型钢铁企业，由衷地表示高兴，并题词勉励宝钢建设者们："埋头苦干，从严要求，精益求精，不断创新。"

为潘汉年平反

潘汉年是党的一位忠诚的战士，曾经长期在秘密战线与敌人周旋，立下不少功勋。可是，1955 年，他被错误地当作“内奸”逮捕了，还株连了很多过去在他领导下从事地下工作的党员、群众，酿成了一件天大的冤案。潘汉年于 1977 年含冤去世。

陈云与潘汉年共过事，他对潘汉年是了解的，对把潘汉年定为“内奸”一直表示怀疑。三中全会后，他重新回到中央核心领导集体，决心弄清事实真相，还历史以本来面目。为此，他委托当年曾与潘汉年一同领导地下工作的刘晓，查查潘汉年案件的情况，以便向中央建议复查。为此，陈云还向廖承志、胡立教、夏衍、史永等许多与潘汉年共同工作的人进行调查了解。

1979 年 10 月，陈云做直肠镜检查，被确诊患结肠癌，需要进行手术治疗。术前，中共中央副秘书长姚依林问他有什么事需要交代、办理，他讲的唯一的事情就是潘汉年案件需要复查，并给当时中共中央秘书长胡耀邦写了一封信。在信中，他说明了一件事：1936 年潘汉年参加与国民党谈判停战抗日，是中共中央驻共产国际代表团的领导人王明、康生和陈云本人在莫斯科决定后委派的。王明、康生都已变质，并且已经去世，知道这件事的只剩自己一人，他不说话，就没有人能证明潘汉年的清白了。为此，希望能在有生之年，能够确证这件事。1981 年 3 月，陈云收集了更详尽的材料后，再次为潘汉年案件复查工作致信邓小平、李先念、胡耀邦、赵紫阳等中央领导人。

中共中央采纳了陈云等人的建议，责成中央纪律检查委员会复查了潘汉年案件。陈云对战友的清白坚信不疑。在一次关于特科工作的座谈会上，陈云坚定地说，他相信潘汉年的案件必定能得到平反。复查结果，证实这是一起重大冤案。调查中还发现了一件重要根据：1955 年 7 月和 9 月，当时调查潘汉年案件的李克农，曾经两次向中央写报告，提出：潘汉年对他使用的对象都曾经报告中央和有关部门；潘汉年所提供的关于日伪情况、日美谈判以及纳粹德国即将侵略苏联等情况都有价值；通过核对敌人的档案，潘汉年向中央提供的情报大都是真实的、有价值的，没有发现可疑问题。可惜，这份材料在当时特殊的历史背景下没有被采纳。

1982 年，潘汉年案件得到了平反，惨遭株连的一大批革命者也恢复了名誉。陈云为此倍感欣慰。

妙语联珠话改革

1982 年 12 月 2 日，陈云在中南海的家中迎来了一批家乡的客人——出席五届全国人大五次会议的上海代表团的 10 位代表。

陈云本人也是全国人大代表，但他已经 78 岁高龄了，身体不适，就向大会请假，没有出席会议。但他对改革开放事业、特别是对上海市的发展建设一直极为关注，很想与上海市人民的代表谈一谈，调查了解实际情况。正好，上海代表团的代表们关心他的健康，提出要去探望他，他高兴地答应了，并特别嘱咐，希望来的代表中要有搞经济工作的，包括以前的工商业者，还要有工人、农民、教师和营业员。

上午 9 点，代表们在代表团团长、上海市人大常委会主任胡立教带领下，来到陈云家中。在明亮的客厅里，陈云亲切地接见了他们，他爽朗地笑着，与大家一一握手。

在这些代表中，荣毅仁和刘靖基都是解放前著名的民族工商业者，陈云建国初就认识他们。荣毅仁这时已经担任了中国国际信托投资公司的领导，为引起外资、促进对外开放作出了很大贡献。陈云与荣毅仁握手时，风趣地说："现在不叫你荣毅仁先生了，叫荣毅仁同志了。"

在机械工业部担任顾问的沈鸿是陈云几十年的老相识了。抗日战争开始后，他将自己的一批机床从上海辗转运到延安支持抗战，建国后又领导了我国首台万吨水压机的试制工作。陈云握着他的手说："你在上海时是店员、小业主，抗战爆发后到延安是民主人士，以后入了党是革命干部。"

年仅27岁的王娟华是上海第十百货公司营业员。当胡立教把她介绍给陈云时，陈云高兴地握着她的手说："你是营业员，好啊，好啊，我们是同行。"早年，陈云曾经在上海的商务印书馆做过店员，从那里开始走上了革命道路。

陈云请大家坐下。他戴上眼镜，拿起桌上的一张名单，一边看一边说：先看看名单，对对号。胡立教，我知道；沈鸿，我知道；荣毅仁，知道；刘靖基，知道……

看到自己还不熟悉的名字时，陈云请摄影记者躲开，让他仔细地看看，"对对号"。他一一问了他们多大岁数。胡立教告诉他，这些人里面最年轻的只有27岁，陈云高兴地说："后继有人啦!"会客室里欢笑声一片。

胡立教向陈云汇报了改革开放后上海的大好形势，陈云听后高兴地连连点头说："好，好，这席话听得进!"

党的十二大提出，到本世纪末，我国工农业年总产值要翻两番。陈云请大家讨论怎样实现这个战略目标的问题。他说，为了实现这个战略目标，要分两步走，前十年主要是打基础，为后十年进入经济振兴时期创造条件。前十年应做的事必须做好，但如果把本来应当放在后十年的事勉强地拿到前十年来办，则一定不能成功。过去基本建设搞得太大，今后再也不能这样搞了。

经济建设中中央和地方的关系问题，也是陈云不断思考的问题。陈云谈到，现在有些地方钱多了，就想搞小革命、小建设。当然地方上的小革命、小建设也要搞，但国家必须适当集中一笔资金，保证重点项目的建设，这是大革命、大建设。小革命、小建设，要服从大革命、大建设，这也就是局部服从全局。

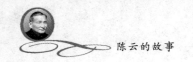

荣毅仁谈到，现在各种机构的层次太多，缺乏统一管理和协调的机构，因此，必须改革体制，讲求经济效益，不能没有时间概念，没有利息概念。刘靖基插话说，有些外国人说，中国人寿命长，浪费时间不在乎。

陈云深有同感，这也是他一直在想办法解决的问题。他说：我们有些地方是大少爷办企业，没有时间概念，没有利息概念。不过，这一套我们总是会学会的。这几年就比过去搞得好，比“文化大革命”以前也搞得好。搞经济工作，没有时间概念，没有利息概念是不行的。时间就是速度。最快的速度就是有计划按比例发展。现在我们既要搞活经济，又不能离开计划指导，这就像鸟和笼子的关系。鸟不能捏在手里，否则会捏死，要让它飞，但只能让它在笼子里飞。没有笼子，它就飞跑了。如果说鸟是搞活经济，那么笼子就是国家计划。鸟和笼子是黄克诚同志打的比喻，我赞成这个比喻。当然，笼子大小要适当，不一定限于一个省，一个地区，也可以跨省、跨地区，甚至不一定限于国内，也可以跨国、跨洲，但无论如何要有个笼子。

王娟华在商业部门工作，市场的变化，她有着最直接的感受。她告诉陈云，现在市场上的商品多了，过去要凭证购买的商品现在多了，可以敞开供应了。市场的变化对商业工作提出了更高的要求，再按老办法经营行不通了。这时，胡立教插话说，上海的同志有点骄傲，总觉得自己的产品好，皇帝的女儿不愁嫁。

陈云听后笑了。他说：现在是买方市场了，皇帝的女儿也不一定就嫁得出去。上海的老企业多，应该注意设备更新，引进先进技术，进行技术改造。六五计划期间一个重要任务，就是要对现有企业进行技术改造，这是今后发展工业的一条新路子。现在有些轻纺企业在上海开花，在外地结果，反过来进入上海市场，挤上海的产品，这是好事，不要用行政措施去挡，要接受这个挑战，迎上去和他们竞争。办法就是加强技术，提高质量，降低成本，迅速适应市场的变化。

刘靖基对如何利用外资、加强商品出口的统一管理、搞好外汇综合平衡等问题提出了一些建议。他还提议成立一个上海对外贸易进出口公司，吸收原工商业者参加工作。

陈云听了这番话后，表示同意。他说，不仅上海可以吸收一些原工商业者参加咨询，其他地方也可以这样做。我在公私合营的时候就说过，那些头戴瓜皮帽、手拿水烟袋的人是经济战略家，他们考虑什么时候进货，进什么货，非常灵光。我们就是缺少这种人。有些人总以为自己行，也不好好学习，反正干不干一个样，干好干坏一个样。

刘靖基还提出，为了深入而又及时地了解国际市场的情况，应当在国外投资办几个企业，并委托外国人推销我们的产品。

陈云没有直接答复，而是转过头去问坐在旁边的沈鸿说："沈鸿同志，你看搞些外国的'康白度'（英文 compradore 的音译，又称为买办，是一种代理他人买卖的商人）行不行？"沈鸿说："大胆试验，慎重推广，对象要选择好。"

沈鸿对一些人看不起国产货、崇尚进口货的现象有不同看法，曾经在报纸上发表文章呼吁多用国产的产品。这时，他又对陈云说，现在我们有些产品虽然落后些，需要改进，但有的产品并不比外国的差，可是，有些单位总想用进口货，我看还是应该多用自己的产品。

陈云听了以后说，我看了你在报上发表的文章，很对胃口。我赞成你的观点，自己试制的东西，第一次会差些，但第二次、第三次就会好些，以后一次会比一次好。

陈云用一句俗语表达了对民族工业的关心，他说：癞痢头的儿子还是自己的好嘛!

邵荣宾是上海郊区一个公社的党委书记。他向陈云介绍了上海郊区农村的变化，说：推行了责任制以后，农民都称赞国家实行了富民政策。农村盖了许多新房，现在已向二层、三层楼发展。农民劲头都很足。现在大家只是担心政策再变回去。

陈云听了摆摆手说：现在执行的政策不会变了。“大跃进”那种共产风再也不能刮了。

大家在和蔼可亲的陈云面前，无拘无束地畅谈了改革开放以来各行各业的新变化和以后的打算。陈云用心听着，不时提出问题，摆出自己的看法，毫无倦意。上海无线电三厂总工程师周恕谈了对发展电子工业的看法，上海格致中学教师高润华介绍了他们对学生进行道德和纪律教育的情况，陈云都听得非常仔细，听过后他连连称赞说：好啊！好啊！

两个小时不知不觉就过去了，与陈云一起合影留念后，大家才依依不舍地道别而去。

建言要成千上万地提拔中青年干部

1981 年 5 月，陈云向中央提交书面建议，主张立即采取切实步骤，成千上万地提拔中青年干部，得到中央的采纳。这成为上个世纪 80 年代初期空前规模的干部新老合作与交替中的重大事件，它在中国改革开放和社会主义现代化建设事业中的重大影响，至今仍能感受得到。

1978 年 12 月，陈云在中共十一届三中全会上重新担任中共中央副主席。这时，他已经 73 岁，面对重大历史转折时期的复杂局面和党内外干部群众的殷切期盼，陈云深感肩上责任的重大。在奋力工作的同时，他和叶剑英、邓小平等老一辈革命家，都对干部青黄不接的严重状况产生了极大的担忧。

本来，在革命事业的发展中，新老干部之间的交替，是一个自然交替的过程。建国初期，当时的领导干部都年轻，这还不是一个迫切的问题。50 年代后期和 60 年代前期提出了这个问题，正要着手解决时，却被“文化大革命”把这一进程打断了。“文革”结束，一大批老干部恢复工作，靠造反起家的人被清除出干部队伍，这是应当的，但这样一来，干部老龄化问题积累到相当严重的程度，各级领导班子的年龄普遍比“文化大革命”前增加 15 ~20 岁，比 50 年代大得更多。

陈云注意到，当时省委、地委的主要负责人多数是大革命时期、土地革命时期或抗战时期的干部，党政军领导的主要干部是“三八式”的。他们已经不能持久地工作，并且常常带病工作，时常因病住进医院。因积劳成疾而死亡的人越来越多，开追悼会的消息几乎每天有几起。“这种状况显然已经不能适应我国近十亿人口大国的繁重的领导工作。”

另一方面，陈云也感到，“四人帮”的帮派残余势力及其影响依然存在，他们是安定团结和社会主义现代化建设事业的不稳定因素。陈云后来说，“不要只看他们现在一时表现好。现在这些人大概表现是‘蛮好’，他要爬上来，现在只能表现好，因为老家伙还在。但是，到了气候适宜的时候，党内有什么风浪的时候，这些人就会变成为能量很大的兴风作浪的分子。有一个，有两个，就可以串连，兴风作浪。他们说，没有把这些老家伙整倒、整死，现在还在台上，当时整死就好了……什么时候气候适宜呢？我们这些人都见马克思去了，胡耀邦同志也要见马克思去了，那个时候，在座的人大概追悼会开得差不多了。”

邓小平一再提到王洪文的一次讲话，也引起陈云深深的共鸣。这指的是1975年邓小平主持中央工作后，一度自命为毛泽东当然接班人的王洪文心怀不满，跑到上海、杭州，下车后第一句话就说，十年后再看。这句话极大地触动了邓小平、陈云这些老一辈革命家。邓小平当时就同李先念谈过这件事，认为从年龄上是斗不过他们的，确实要有比较年轻的干部上来工作。那些闹派性的骨干分子、打砸抢分子，虽经“揭批查”，仍未完全肃清，他们的影响仍在，而这批人最大的优势就是年轻。老一辈革命家不在以后，“四人帮”的帮派残余势力会不会翻天，这种担忧在党内外、国内外广泛存在。能不能及时地实现新老交替，已经成为关系到三中全会正确路线连续性、继承性的重大战略问题。

为此，陈云从回到领导核心的那一天起，就极力主张抓紧解决接班人问题，推动干部新老合作也交替进程。

1978年12月12日上午，陈云在中共十一届三中全会前的中央工作会议东北组发言说：有人提出成立中央书记处，我赞成。这可以使中央常委摆脱日常小事，更集中精力于国家大事。这也可以使年老同志减少工作。

陈云还曾经和一些老干部交换过干部新老交替的意见。1985年9月，黄克诚在接受记者采访中谈到，他刚恢复名誉，补选为中央委员，并被选举为中央纪律检查委员会常务书记，就在一次同陈云的谈话中，提到了党内干部老化的问题，并向胡耀邦、宋任穷等建议，培养、选拔年轻的、有文化的、经过锻炼和考验的新干部进入领导机构，并逐步提拔到领导岗位。他对记者说："我从'四人帮'的班房里一出来，就感到这是一个迫在眉睫的问题。老化不是办法，要及时考虑解决，使新干部有个锻炼和接班的时间。"

1979年3月，陈云担任国务院财经委员会主任，再一次主持全国财经工作。3月25日，他主持召开国务院财经委员会第一次会议。与会的，都是解放以来在综合机关做财经工作的老干部，最年轻的62岁，大一点的70岁以上。

看着他们，陈云不禁感从中来。他说："30年来，变来变去，还是这些老人。"

他提出："找一个、两个、三个、四个，或者五个年轻一些的，40岁到50岁的干部，到财经委员会工作。要有一点工作经验的，人数也不要多。这些人不是当秘书的，而是在我们这里当'后排议员'。我们这些人都快要'告老还乡'了，解放时，我45岁。那时，可以三班倒、四班倒，上午、下午开会，晚上同周总理谈，午夜去找毛主席，安排得满满的。现在我一个星期只能工作两个半天，多了不行。如果还要那样干，无非是向'八宝山'开快车就是了。我看是要有一些'后排议员'，这些人参与讨论问题，参与决定大政方针的事。培养这样的人，我看很有必要。”

10月3日，陈云在中共省市区党委第一书记座谈会上，再次郑重建议，成立中央书记处，调两个比较接触实际工作的干部上来，把财经工作好好搞一下。

陈云说：这是我们国家的大计，党的利益。如果组织上不采取这样的步骤，我们的工作搞不动。华国锋太忙了，叶帅年纪大了，我的身体本来就弱，而且今年75岁。小平同志虽然身体好，但也76岁了，靠我们不能持久。

1980年2月，中共十一届五中全会上重新设立了中央书记处。但陈云看得更远。24日，陈云在会上发言，讲了成立中央书记处和四位领导人辞职的问题。关于成立中央书记处，他说：

“成立中央书记处，这是党的一项重要的措施。这个事情非常紧迫，非常必要。现在从中央到县委，大部分人头发都已经白了。所以，有它的紧迫性，有它的必要性。现在我们主动地来选择人才，还有时间，再等下去，将来就没有时间了。党的交班和接班的问题，在国际共产主义运动中间，在我们中国共产党内，有过痛苦的教训，这一点，我不说大家也知道。”

陈云还主张书记处改变过去传阅文件画圈圈的方式，实行集体办公，以提高工作效率。

但是，当时的书记处成员平均年龄也达到60多岁，不算年轻。陈云后来引述一个美国新闻记者罗德里克的评论，说这个领导班子力强，但年还不富。陈云郑重提出：

“这次提出的13个人的名单，在现在的情况之下，是比较合适的。平均年龄是65岁，也不算年轻，再过5年就70岁了。但是，要求更年轻一些，我看现在办不到。所以，书记处和全党的一个重要任务，是要在各级选择合格的年轻干部。”

既然要选择年轻干部，就存在一个选择标准的问题。陈云提出：

“这些被选进的人，党性要强，要有干劲，要有一定的工作经验。还要培养一批技术干部到各级领导机关里来，这样才能搞四化。”

中国共产党历来强调德才兼备，但对德与才的具体内容，不同时期有着不同的诠释。陈云提出首先是“党性要强”，就是强调“德”。特别突出地强调要从技术人员中培养提拔一批人到领导机关来，反映他所考虑的“才”，是与社会主义现代化建设相适应的知识水平和能力。

五中全会后仅过了一个月，3 月 17 日下午，中央政治局常委会举行会议，再次讨论了培养提拔中青年干部问题。陈云出席了这次会议。

邓小平在会上表示，他对中组部提交的优秀中青年干部名单不满意，认为有两大问题：第一，年龄偏高；第二，文化程度太低。大学毕业的很少，没有几个大学毕业生。

陈云同意邓小平的意见，要求组织部门在知识分子中多选拔培养一些中青年干部，认为知识分子可以当专家，但也有不少人是可以当领导干部的。

邓小平、陈云的意见，极大地震动了组织部门。第二天胡耀邦就向中央组织部领导作了传达。宋任穷认为“这是对我们工作作出的批评，也是对我们的鞭策”。5 月，中央组织部召开选拔中青年干部座谈会，落实邓小平、陈云等中央领导的意见，讨论制订了《关于进一步做好选拔优秀中青年干部工作的几点意见》，要求各级党委大胆提拔一批具有高中以上文化程度的专业干部参加领导班子。会议确定，今后吸收脱产干部主要从大中专毕业生或具有同等程度的青年中择优选拔，一般不直接从文化低的工人、农民中选拔。

在这期间，对于关系重大的选拔标准问题，陈云还在进一步思索。他提出：我们选干部，要注意德才兼备。所谓德，最主要的，就是坚持社会主义道路和党的领导。在这个前提下，干部队伍要年轻化、知识化、专业化，并且要把对于这种干部的提拔使用制度化。

8月18日，邓小平在中央政治局扩大会议上讲话，转述了陈云的意见，认为“这些意见讲得好”。1981年中共十一届六中全会通过的《关于建国以来党的若干历史问题的决议》正式确定新时期干部工作“革命化、年轻化、知识化、专业化”的“四化”方针。

虽然选择培养年轻的一代接班人的战略方针已经确定，培养选拔标准已经明确，但是，老干部退居二线和提拔中青年干部的工作，仍然遇到了很大的阻力，收效不大。

有件事情给陈云很大的触动。1981年年初，电力部部长刘澜波主动请求退居二线，并推荐李鹏接任。李鹏当时52岁，曾留学苏联，回国后长期从事电力工作。但刘澜波的提议一开始并没有得到组织部门的同意，刘澜波为此给陈云打招呼，请他注意此事。不久，组织部门终于采纳了刘澜波的建议。3月6日，李鹏的任命获得全国人大常委会通过。陈云后来讲到这件事说：“就像这样的人，52岁，专门学电的，解放以后在电力部门工作了二十几年，还有争论！”

陈云对这种状况深感忧虑。1981年3月29日，陈云在写给中宣部顾问陆定的一封信中说：

“老干部是重要的，但如果现在不提拔40岁左右的青年干部在各种级别岗位上参加工作，让他们在工作中取得经验，则接班的问题就要成大问题。现在部长一级、省委第一书记一级都是六十开外了。如不在这一两年中提拔一批青年干部，则将是极大危险。这批青年干部，第一批应该有一两千人。以后陆续再提。但现在阻力很大，即使先进后生，也进不去。我正为此而呼吁。”

阻力来自哪里？陈云认为，阻力正是来自老干部。他后来说：“自从中央提出提拔中青年干部到各级领导岗位上来工作的问题以后，从三中全会到现在，对这件事虽然做了若干工作，但总的说来，因为认识不一致，这件工作收效不大。”“应该说，要提拔中青年干部，使我们党的事业后继有人，这是老干部的心愿。但是，同时又应该说，在许多老干部中，对干部的青黄不接的状态，没有清醒的紧迫感，总觉得中青年干部有这样那样的缺点，没有经验，感到不放心。”

在这个问题上，陈云是开明的。1980 年 2 月，他在中共十一届五中全会各级召集人会上就表示，他已向中央政治局常委说过，不要安排自己进书记处和常委会，只要加强了国家计委工作，国务院财经委员会就可以撤销。3 月 17 日，他出席了政治局常委会，这次会议撤销了以陈云为主任的国务院财政经济委员会，成立了新的中央财经领导小组。在 8 月 30 日至 9 月 10 日召开的五届全国人大三次会议上，他又和邓小平、李先念、徐向前、王震辞去了兼任的国务院副总理职务。

虽然陈云和其他一些老干部表现了高尚的风格，带了好头，但是，老干部的阻力确实是存在的。宋任穷描述当时的情况说：“一是不少领导同志对选拔有文化的年轻干部，对培养接班人问题的紧迫性和深远的战略认识不足”。表现在有些老干部认为他们在“文化大革命”中受迫害，冤假错案获平反，好不容易重新出来工作，板凳还没有坐热，就要他们让位，这岂不影响老干部的积极性吗？还有些老干部认为自己虽然年不富，但是力还强，身体尚好，还可以干几年，何必那么急嘛。“二是思想不够解放，在选拔人才问题上还受到一些旧传统观念的影响，老框框的束缚”。表现在论资排辈，用干部时习惯在资历上搞平衡；对知识分子缺乏正确认识，认为对他们只能用其一技之长，不可委以重任，唯成分论，认为只有工农干部可靠，只有直接从工农中提拔干部才是坚持党的阶级路线；用派性观点识别使用干部。“三是思想方法上形而上学”。表现为对“德”的标准缺乏正确理解，对有创见、有能力、敢提出批评建议的就认为是骄傲自满，对年轻干部求全责备。

面对这种状况，陈云坐不住了。1980 年 12 月，中央完成了重大组织人事变动，华国锋辞去中央委员会主席、中央军委主席职务和党内其他职务。从资历、党内声望上说，邓小平都是当之无愧的接任者。但邓小平还是推荐比他更年轻的胡耀邦接任党的主席，为干部年轻化树立了很好的榜样。不久，接着又开了中央工作会议。这次会后，陈云更尖锐地提出干部年轻化的问题。

1981 年 4 月 2 日，陈云离开北京，赴上海、杭州休养，但如何加快新老合作与交替步伐的问题，始终萦绕在他的心头。

20 日和 22 日，他同来杭州的胡耀邦谈话，说：我们的担子很重，人民对我们的要求很高。因此，重要的问题是要真正办成、办好几件事。

陈云郑重地向胡耀邦提出：要成千上万地提拔中青年干部，至少一万个。为什么要成千上万？一条理由，二十几个省区市，加上中央各部委，提一两百个人够用吗？不够用。成千上万，这是工作的需要。再一条理由，只有成千上万地提拔经过选择的好的中青年干部，才能使我们的干部交接班稳定地进行。还有一条理由，只有成千上万地提拔，才能使兴风作浪的分子搞不起大乱子。成千上万的好干部坐镇在那里，只有几个人在那里捣乱，搞不了大乱子。

与胡耀邦谈完后，陈云又对这个问题作了系统、深入的思考，越发感到这个问题的严重，需要切实地解决遇到的思想问题和具体问题。

5月8日，陈云正式给中央写了一份建议，提出："从现在起，就成千上万地提拔中青年干部"。"我们所要提拔培养的干部，不仅是年龄在50岁左右的人，而且在数量上占多数的应该是40岁左右的人、40岁以内的人。让他们在各级领导岗位上经过几年以至十来年的锻炼，就可以成为大量提拔高级领导干部的后备力量。"

为切实做好成千上万地提拔中青年干部的工作，陈云建议采取在各组织部门设立青年干部局、技术干部局、领导机关自上而下地设立辅助工作机构和辅助人员等多项具体措施。同时，新老交替不但需要解决中青年干部"进"的问题，也要解决老干部"退"的问题。

5月20日，陈云从杭州回到北京后，即将这份建议分送邓小平、胡耀邦。

邓小平赞成陈云建议，但他也提出，老干部方面问题还没有处理好。这方面邓小平是有所考虑的。1979年11月2日，他在中央党政军机关副部长以上干部会上讲话中说："前几年，我提出搞顾问制度，但并没有完全行通，许多人不愿意当顾问。现在看来，要真正解决问题不能只靠顾问制度，重要的是要建立退休制度。这个问题，同我们每个人都有密切关系，请同志们好好地考虑一下。不建立这个制度，我们的机构臃肿、人浮于事的状况，以及青年人上不来的问题，都无法解决。"因此，他感到陈云提出退居二线、三线的建议，还不足以处理好老干部问题。

6月8日，陈云根据邓小平的意见，主持中组部、总政治部六七位干部召开了关于老干部离休、退休问题座谈会，并同中央组织部的领导谈话，强调选拔优秀中青年干部的重要性，要求中组部成立青年干部局，省、地也应成立相应的机构。会议形成的纪要提出，干部必须实行离休、退休制度，这是根本办法。当顾问或成立顾问委员会，只能解决少数人的问题，多数人只能离休、退休。实行离休、退休办法，必须退好，并就此提出了一些建议。

1981年7月2日，在中共十一届六中全会闭幕后，中央将参加全会的省、市、自治区党委书记留下来开座谈会，专门讨论陈云关于提拔中青年干部和老干部离休、退休这两条建议。

陈云向大家简单介绍了建议的形成经过，对一些可能出现的疑问，特别是老干部的疑虑作了解释。

陈云说，提50岁左右的人可能争论少一些，提40岁左右的人争论、怀疑会很多，提40岁以下的人怀疑、争论会更多，但现在文件里特别写了提40岁以下的人。陈云指出："从总数上来说，比如提一万人，其中70%以上，应该是40岁左右、40岁以下的人。提40岁以下中青年干部的理由：第一条，是年富力强。第二条，是有意识地培养。他们现在没有经验，我们可以慢慢地培养，经过三年、五年、十年，有意识地培养，选出好的人。第三条，40岁以下的人中间有人才。我看到好几个材料，在跟外国人谈判中，驳外国人，说你的东西不行，哪个地方不对，大体上都是40岁左右的干部。可见，我们有人。第四条，只有40岁以下的，才了解'文化大革命'初期青年人当时的表现。"

"文化大革命"期间吸收所谓新生力量，用"坐火箭"、"坐直升飞机"的办法提拔干部，造成恶劣后果，令一些老干部非常反感。陈云提出成千上万提拔中青年干部，难免有人会对提拔方式产生疑虑。陈云解释说："台阶论还是对的。这是小平同志讲的，台阶，一级一级上来，这是必要的。一定要按级提拔。我写的一些办法也是按级提拔。但是，也可以越级提拔。越级提拔的，只能是少数。”

陈云还特别地强调：“闹派性的骨干分子，打砸抢分子，一个也不能提到领导岗位上来。我说一个也不能。”“当时闹派性的、‘造反’的人很多，许多是随大流的，但里头的骨干分子不能提到领导岗位上来，一个也不能提拔，手不能软了。”

邓小平当天本来是打算听会的，但在陈云讲话后，他忍不住也即席讲了话。他说：“为什么全会之后又专门把在座的诸位留下来开两天会，讨论陈云同志关于提拔培养中青年干部和老干部离休退休这两条建议，就是因为这个问题十分迫切，十分重要。陈云同志这个建议我是双手拥护。现在就是要大家来讨论怎样具体化。不开明可不行呀！我和陈云同志交过心的，老实说，就我们自己来说，现在叫我们退，我们实在是心里非常愉快的。当然，现在还不行。我们最大的事情是什么？国家的政策，党的方针，我们当然要过问一下，但是最大的事情是选择中青年干部。我们两个人的主要任务是要解决这个问题。”

7 月 31 日，中央组织部发出《关于建立青年干部管理机构的通知》，传达了陈云的指示，规定了青年干部管理机构的机构设置和主要任务。宋任穷在自己的回忆录中说：“我认为在当时的历史条件下，从上到下成立青年干部管理机构是十分必要的。实践证明，当时全国的青年干部管理机构，对遴选各级领导班子的优秀后备人才，推进领导班子‘四化’进程，发挥了重要的历史性作用。”

1981 年底至 1982 年初，从中央国家机关开始，各级领导班子结构改革的工作逐步展开，党的十二大的各项筹备工作也在紧锣密鼓地进行。1982 年 2 月 20 日，中共中央作出了《关于建立老干部退休制度的决定》。大批老干部退出领导班子，中青年干部走上领导岗位，新老交替进程平稳而顺利地展开，陈云感到由衷地高兴。

1982 年 9 月 2 日，中国共产党第十二次全国代表大会在北京举行，陈云出席了这次大会。邓小平在大会开幕词中指出，回顾党的历史，这次代表大会将是党的第七次全国代表大会以来的一次最重要的会议。把马克思主义的普遍真理同我国的具体实际结合起来，走自己的道路，建设有中国特色的社会主义，这就是我们总结长期历史经验得出的基本结论。他提出，希望党的最高领导层实现新老合作和交替，成为更加朝气蓬勃的战斗指挥部。

6 日，陈云在大会全体会议讲话，呼吁全党重视新老交替问题。他说：

“粉碎‘四人帮’以后，我们党经过十一届三中全会拨正了航向，又经过十一届四中、五中、六中全会，使国家的政治生活和社会主义建设逐步走上了正确的、健康发展的轨道。

“但是，应当清醒地看到，由于种种原因，我们党的干部队伍相当长时间以来就存在程度不同的老化问题，存在青黄不接的问题。这个问题现在不解决，或者解决得不好，共产主义事业在中国就有可能出现曲折。每一个同志，尤其是每一个老同志，都应当认识到这个问题的严重性和迫切性。

“因此，解决好干部队伍的交接班问题，是摆在全党面前的一个重要任务。”

陈云再次讲了老干部搞好传帮带、中青年干部要成千上万地提拔、防止和清除“三种人”意见，并表示：除了“三种人”以外，还有两种人也不能提拔，这就是反对三中全会以后党中央路线的人，以及在经济领域内和其他方面严重违法乱纪的人。这是胡耀邦报告中所提出的。陈云强调：

“总之，一方面要大胆提拔，加快提拔中青年干部，一方面又要严格把好政治标准这一关。德才相比，我们要更注重于德，就是说，要确实提拔那些党性强，作风正派，敢于坚持原则的人……在‘文化大革命’期间，表现好的和基本好的中青年有的是，我们在提拔中青年干部时，应当主要从他们中间挑选。”

在陈云讲话前，叶剑英发表了讲话。他引用唐朝诗人李商隐的“雏凤清于老凤声”的诗句，勉励新上来工作的年轻干部，同老干部亲密合作，挑起重担，奋勇前进；要求退下来的老干部思想不能退，要时时处处为党和人民的利益着想，继续做一些力所能及的工作。他希望，从中央到地方，今后一定要更好地坚持民主集中制，坚持集体领导原则，以保证党的正常工作和正确领导，实现国家的长治久安。

叶剑英、陈云的讲话，不断受到全场热烈鼓掌欢迎。7日，大会举行分组会议讨论了叶剑英、陈云的讲话，认为他们的讲话语重心长，表现了老一辈无产阶级革命家对党的事业的深切关怀和崇高责任感。

中共十二大选举产生了新一届中央委员会和纪律检查委员会，并设立中央顾问委员会作为干部政策由终身制向退休制的必要过渡。

13日下午四点半，陈云同胡耀邦、叶剑英、邓小平等中央领导人在人民大会堂新疆厅，集体接见了在中共十二大上新当选的39名年轻的中央委员和候补中央委员。这批人都具有现代化知识，精通自己专业。他们当中最年轻的胡锦涛，只有39岁，毕业于清华大学，当时任甘肃省建委副主任。

陈云对这些新一辈的接班人寄予了极大期望。当介绍到年轻的中央委员王兆国时，陈云问他：多大年纪？中央组织部的干部回答：41岁。陈云侧过身来对着王兆国亲切地招手说：

请你再站近些，让我仔细看一看。王兆国离开座位，来到大厅的中央，脸上激动地泛起红光。中央领导同志们仔细地端详着这位年轻干部，露出了满意的会心的微笑。轮到介绍下一位时，胡耀邦说：你们胆子大一点，站到中间来！

十二大以后，随着干部新老交替的全面展开，大批中青年干部走上领导岗位。陈云始终关注着这项工作。

1983 年 6 月 25 ~ 30 日，陈云出席了中央工作会议。这次会议主要讨论适当集中财力物力，保证重点建设的问题。30 日，陈云在会上讲话，就经济问题发表了几点意见以后，就把话题转到培养接班人的问题上，提出了一个重要设想：

“现在，我们党的第二梯队已经基本建立起来了，第三梯队也已经有了一定的数量。今后全党要努力把第三梯队建设好。”

陈云首先肯定五中全会重新设立的中央书记处，为中央政治局和常委担负了大量工作，成绩是显著的。但这只是一方面。他指出：

“现在主持中央日常工作的同志也是60 岁以上的人了，他们和我们这些 70 岁以上的人相比，年龄间隔不大。就是说，第一梯队和第二梯队的年龄距离太近了。因此，要抓紧选择 50 岁上下、特别是 40 岁上下的优秀干部，趁我们还在的时候，把第三梯队也建立起来。”

邓小平随后讲话，表示：他赞成会议报告有关同志的讲话，特别是陈云的讲话，“不仅谈了经济问题，还谈了一个重要的政治问题，即干部队伍三个梯队的配备问题。这个问题关系到我们党和国家的命运，讲得非常好”。会议正式作出了建立第三梯队的战略决策。会后，中央组织部召开全国组织工作座谈会，强调以改革的精神加速领导班子的革命化、年轻化、知识化、专业化建设，努力把“第三梯队”建设好，建立正规的后备干部制度，并明确要求到1984年上半年挑选出一大批后备干部，作为正副部长、正副省长和省市区党委正副书记、常委的选拔对象，各级党委应选定必要数量的后备干部，尽快制订到1990年的8年领导班子结构规划。

陈云特别强调的清理“三种人”的工作，也在有序地进行。特别是1983年开始的三年半的整党，在整党前已进行的几次清查处理了40万人的基础上，全国（不包括广西壮族自治区）又清理出“三种人”5449名、犯有严重错误的人40074名。广西在这次整党中，专门用了一段时间进行“处理文化大革命遗留问题”的工作，共清理出严重违法乱纪分子27919名（其中干部6042名），犯有严重违法乱纪错误的人13154名。

仅从1982年年底开始机构改革算起，至1985年底，全国提拔中青年干部46.9万多人。1982年2月中央作出老干部离退休的决定，至1985年12月，有126.8万建国前参加工作的老干部离休。今天，中国克服了改革开放进程中的一个个难关，成功应对了国际国内一重重政治风浪，社会主义现代化建设事业经过20多年的不懈奋斗，正在迈向建设小康社会的新阶段，干部新老交替已经实现制度化，干部专业化、知识化水平达到前所未有的高度。人们可以更清楚地认识到，三中全会后的干部新老交替，对中国社会主义现代化建设事业影响是多么的深远而重大！

党的十二大以后，陈云虽然还留在第一线，但他有意识地减少了自己的工作，把主要精力放在“传帮带”和在重大问题上出主意、把关上，更多地让年轻一些的干部走上前台。

1986年6月，一位老干部通过陈云夫人于若木，请陈云给他写个条幅。不久，陈云就给他写了一幅：

新竹高于旧竹枝，全凭老干相扶持

来年更有新生笋，十丈龙孙绕凤池。

书信言志，这正是陈云力主搞好干部新老交替工作的最好写照。

党员集训不能要“误工补贴”

“林子大了，什么鸟都有。”作为一个有着几千万党员的大党，中国共产党内也难免存在一些不好的成分，他们的所作所为，严重影响党的形象，破坏了党风和社会风气。陈云特别重视这个问题，1980 年 11 月，他在一次讲话中提出，“执政党的党风问题是有关党的生死存亡的问题。因此，党风问题必须抓紧搞，永远搞。”他对党内不良现象深恶痛绝，作为中央纪律检查委员会书记，处理起来毫不手软。

那时候出现了这样一种现象：党组织安排农村党员集训，有些地方除了给予伙食补贴外，集训期间要给党员每天一二元钱的误工费。

陈云得知后，认为这样做是非常不合适的。党员履行党员义务，怎么能向组织索取“报酬”呢？解放前，同样在农村，支援战争，运送弹药、伤兵，常常因此受伤或牺牲，那时候有谁要过什么“误工补贴”呢？

1983 年 10 月 12 日，他在党的十二届二中全会上发言，主张停止这种做法。他说：

那些拿误工补贴的共产党员应该想一想，这样做是不是合乎一个共产党员的标准？共产党员的标准是不惜牺牲自己的生命为共产主义而奋斗终身。我看一切集训、开会要钱的人，不能成为共产党员。今后，全国不要再给集训时的误工补贴，凡属要求误工补贴的党员应开除党籍。

他还以此为例，提醒全党，对以权谋私的现象不能够轻视，必须坚决制止。

他说：党在执政以后，从中央到基层政权，从企业事业单位到生产队的领导权，都掌握在党员手里了，党员可以利用手中掌握的各种权力为自己谋取私利。许多贪污犯本人就是党员，即使贪污犯不是党员，他们能够贪污，也是靠某些共产党员的保护。对于利用职权谋取私利的人，如果不给以严厉的打击，对这股歪风如果不加以制止，或制止不力，就会败坏党的风气，使党丧失民心。所以，我说过："执政党的党风问题是有关党的生死存亡的问题。"

亲眼看看集成电路

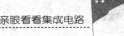

最近几十年来，现代科技的发展日新月异，极大地改变了世界的面貌。其中电子计算机技术的高速发展和广泛应用对生产和社会生活更是影响甚巨。比如，电子货币在西方国家广泛应用后，买东西甚至可以不用带现金，付账的时候只要拿信用卡在机器上一划就行了，非常方便。过去十分复杂的商业票据结算业务，通过计算机很快就能够完成。

陈云非常关注这方面的情况。1984 年 3 月 3 日，陈云约请当时任电子工业部部长的江泽民到他的住处汇报工作，事先特别嘱咐，请他们带一些集成电路的样品，说要亲眼看一看。集成电路是计算机的核心部件，最近几十年这一技术的发展导致电子计算机在技术发展和应用方面有了巨大飞跃。

听汇报的时候，陈云神情极为专注，并且详细询问了集成电路的种类、用途和加工的技术特点，以及我国的集成电路生产同国外的差距。

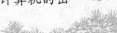

听完了汇报，陈云在江泽民陪同下，饶有兴趣地通过显微镜观看了在2~3 毫米见方的硅片上装有2. 7 万个电子元件的集成电路样品，并且观看了专业技术人员用微处理机对文件进行处理的操作表演。

领略了现代科技的神奇，陈云十分满意地说，他大开了眼界。他指出，我国财经干部面临着知识更新的任务，现在大多数的财经干部还没有看到这个任务的紧迫性。电子计算机的出现，其他领域新技术的出现，要求财经干部必须更新知识。

临别时，陈云握着江泽民的手再三叮嘱：一定要集中力量把电子工业搞上去。

关注下一代

1983 年 8 月 4 日上午，中南海怀仁堂，这个平时中央领导商议国家大政方针的庄严殿堂，迎来了一批特殊的客人——参加“全国快乐的小队夏令营”活动的 166 名优秀少先队员和 40 名辅导员。他们是陈云请来中南海做客的。

儿童是祖国的未来。陈云对儿童事业倾注了很大热情。本来，年近八旬的陈云平日已经很少参加公开活动。但 1983 年夏天，《中国少年报》社邀请陈云参加“全国快乐的小队夏令营”活动，他不仅欣然接受了邀请，还反过来邀请孩子们到中南海做客。

上午 10 点整，陈云准时来到接见大厅，孩子们高兴地鼓起掌来，个个脸上洋溢着幸福的笑容。陈云认真地听取了他们开展快乐的小队活动情况的汇报，不住地称赞他们做得好。

一个小队员跑上前去，把自己最心爱的红领巾系在陈云爷爷的脖子上。陈云慈祥地望着她，和她亲切握手。藏族小朋友捧着雪白的哈达走过来，陈云立即用力撑着沙发站起来，双手郑重地接过哈达，连声说谢谢。陈云还愉快地接受了孩子们的要求，当了夏令营的荣誉营员，并为新学年题写了 7 个大字：为祖国好好学习！

看着这些天真可爱的孩子们，陈云非常高兴。他满怀深情地说：我们已经老了，今后你们的父母也会老的。那时，你们就要接班，社会主义建设事业和共产主义事业就要靠你们继续下去。他的话回响在大厅里，震动着每一个孩子的心灵。

最后，他走上怀仁堂主席台，亲手为夏令营点燃了火炬。小营员们举起右臂，在辅导员带领下向陈云爷爷宣誓："我们要把您交给我们的火炬世世代代传下去。"

与教师一起过春节

北京的中南海是中共中央的所在地。1986年大年初一，在一片喜庆的气氛中，北京市9名中小学和幼儿教师的优秀代表来到这里。在这个中华民族最隆重的传统节日里，他们是中共中央政治局常委陈云邀请的客人，到他家里去欢度节日的。

上午10点多，陈云来到客厅。这位80岁的长者看到这些在人民教育事业上辛勤工作的园丁，非常高兴，他拱手给大家拜年："大家过年好！"在座的人们用热烈的掌声呼应着，表达他们对中央领导的感谢之情。

陈云通过在座的教师们，转达他对全国教育战线上辛勤工作的园丁节日的问候，赞扬他们在"自己的岗位上，勤勤恳恳，任劳任怨，数十年如一日，为我国社会主义建设事业培育了一批又一批人才"，说他们的贡献"同伟大祖国的繁荣富强，是紧密联系在一起的"，人民感谢他们，党和国家也感谢他们！

陈云的话语如一股甘泉，流淌在老师们的心里。大家都纷纷向陈云汇报自己的工作和想法。在座最年轻的北京41中英语教师尉小龙，只有29岁，1984年被评为北京市劳动模范。为了感谢党中央的关怀和教育，他把自己获得的一枚劳动模范奖章送给了陈云。

送这枚奖章反映了教师们的共同心声。陈云对教师们是十分理解、高度尊重的。他说过，四化需要人才，人才需要教育，教育需要教师。20世纪80年代初，由于教师的生活水平和社会地位不高，高中毕业生报考师范院校的越来越少，影响了这些学校的生源和质量。陈云了解到这个情况后极为关注。1984年9月，陈云指示有关领导，一定要重视教师待遇问题，要想一些切实可行的办法帮助教师，尤其中小学教师，提高他们的社会地位，解决他们的实际困难，如住房问题等，以逐步使教师工作真正成为最受人尊敬、最值得羡慕的职业之一。不久他又批示，要使中小学教师的工资标准“比同等学历从事其他行业的人略高一点”。他的一个女儿毕业于北京师范大学历史系，陈云支持并鼓励她离开大机关，到中学担任教师。1985年9月，他还为教师节题词：“为人师表，无尚光荣。”

陈云听完大家的发言后，一再鼓励大家要好好干。他说：“办好中、小学教育，关系到提高中华民族素质的一项根本大计。”“全国中、小学校和幼教老师们今后的工作如何，在一定程度上，将决定21世纪中国的面貌。所以，你们肩负的责任是艰巨的，从事的职业是崇高的，也应该是受人尊敬的。”陈云希望中、小学和幼教老师们，在新的一年里，进一步发扬不为名、不为利的艰苦奋斗精神，热爱本职工作，热爱学生，努力提高自己的思想、文化、业务水平，为人师表，一身正气，脚踏实地，献身于伟大的社会主义教育事业。

会见虽然是短暂的，但陈云对教师们的理解和关怀，伴随着迎春的爆竹声，给全国的教师们带去了春天般的温暖。

评弹"老听客"

陈云喜欢听评弹，称自己是评弹的"老听客"。评弹界流传了很多关于他听评弹、关心评弹的故事。

陈云小时候就培养了听评弹的爱好，后来投身革命事业，很长时间没有听。1957 年他大病一场，不得不遵照医生的嘱咐休养、治疗。他在上海、杭州休养时，又听到了久违的评弹，觉得身心为之一爽。医生说听评弹可以放松思想，有利休养，这样，就又开始听起来了。陈云自己开玩笑地说：评弹是医生。

说唱评弹的时候，艺人要在里面穿插很多噱头，逗得听众发笑，活跃气氛。这本来是评弹的一个特色，深受群众欢迎。可是，50 年代末 60 年代初，评弹艺人不怎么敢放噱头了，因为有人批评说放噱头是错误的。陈云发现了这个问题。

有一个老演员张鸿声擅长放噱头，在评弹界很有名气。陈云听他说唱评弹的时候，特意请人转告，要他尽量发挥，把噱头放足。张鸿声说书的时候，果然放了很多噱头。听过以后，陈云仔细分析了一下，认为张鸿声的噱头百分之九十以上是可取的。

经过比较、分析，他把情况摸清了，就出面支持了评弹艺人放噱头。他说，评弹应该有适当噱头调节气氛，做到严肃与活泼很好地结合起来。听书毕竟不同于上课，要让人家笑笑，工作疲劳了，要有轻松愉快。过分严肃，像上课一样，那就不必叫书场，改叫训练班得了。1961 年 7 月，他还专门为此写了一份书面意见。

他对好的噱头是十分欣赏、津津乐道的。他曾经给人讲过这样的噱头：老艺人周玉泉说唱评弹《文武香球》，说到天上下雨了，大家伙儿都急急忙忙往前赶，找避雨的地方，主人公龙官保却不急不忙地在雨地里踱着方步。问他怎么还不快跑，他回答得有意思，说是前面也在下雨，何必走那么快呢？陈云赞叹说：这噱头很好。

现代题材的评弹书目里面，陈云也对其中的噱头很欣赏。《打虎上山》里有一个噱头，说是杨子荣上威虎山，途中打死一只老虎，准备送给座山雕当见面礼。他把死虎驮在马背上，马儿看见老虎吓了一大跳，后来见是一只死老虎才稳住了神，回头看看老虎，心里想着，马和老虎不会在一块儿的，今天这样可真叫“马马虎虎”。陈云说，这个噱头想想也好笑。

60 年代初，杭州评弹团的演员汪雄飞编说了现代题材的评弹《林海雪原》。“文革”一来，他不敢说唱这部书了，因为那时候根据同一题材改编的京剧《智取威虎山》已经被树成了样板戏，他怕评弹说不好会被戴上破坏“革命样板戏”的帽子。“文革”结束后他还不敢说，因为怕在客观上起宣传“革命样板戏”的作用。

1977 年 5 月，陈云到杭州，把汪雄飞请到住地，对他说：“《林海雪原》小说现在再版了，你的《林海雪原》为什么不说？可以拿出来再演呀！”汪雄飞很受鼓舞，决定与施振眉、蒋希均集中 6 月份一个月时间整理这部书，陈云听到消息后，立即把他们三人找去。他说：我是 1945 年首批进东北的，当时，那里剿匪的情况我比较清楚，今天与你们谈谈。他指着面前的一张东北宾县地区的军事大地图，风趣地说：“过去我一直听你们的书，今天我来说一回书给你们听听。”接着，他拿起放大镜，指点着地图详细为他们讲述当时的剿匪情况和地理环境：哪里是奶头山，哪里是威虎山，并介绍了书中英雄人物的原型，说得绘声绘色，头头是道。

几个人正听得出神，他却突然刹车：“暂时讲到此地，现在要‘小落回’哉！（说书习惯，一回书说到二分之一或三分之二时要休息片刻，称之为“小落回”。）大家先休息休息。”这一天，他讲述了两个多小时，自始至终毫无倦意。临分别时，还建议他们：应该到威虎山去体验生活。

经过整理后的《林海雪原》演出后受到热烈的欢迎。

1981年，上海评弹团首演了女作家徐檬丹创作的中篇弹词《真情假意》。这是一出现代题材的节目，讲俞刚为保护国家财产眼睛受伤，可能失明，他的未婚妻董琴琴竟然绝情离去。她的妹妹董佩佩不满姐姐所为，仰慕俞刚的崇高品质，冒名琴琴到医院护理他。俞刚病愈，琴琴却又假冒护理者想重续前缘，被俞刚察觉，暴露了真面目。

陈云很快就听到了这个节目的录音，极为欣赏，认为《真情假意》是一部有时代气息，适合青年、教育青年的好中篇弹词。

后来，他向中央宣传部领导提议，将这一中篇改编成话剧及其他剧种演出。在他的有力推动下，根据《真情假意》改编的话剧、广播剧（《真与假》）、轻歌剧（《芳草心》）等，先后上演和播出，并产生了一定的影响。

《真情假意》的录音，陈云至少听了30遍以上，就是广播剧也听了不下6遍，连评弹的作者徐檬丹都承认，自己远没有听得那么多。光听录音还不过瘾，1983年春，陈云在杭州时，还请《真情假意》的原班演员，以每天一回的方式进行了专场演出。

在这部作品中，描述了一些不良社会现象，陈云印象很深。比如描写琴琴神通广大："漆匠师傅叫得应的，汽车司机是有交情的；买糖请食品公司小王，办酒水托金华楼小方，50元一桌，人家花80元也吃不到。"还写琴琴出主意，要俞刚婚后再开半个月病假到黄山"白相相"（游玩），俞刚说"我病好了"，琴琴就埋怨："无病也好请假的，你是工伤，乐得休息！戆大！"这个节目陈云听了多遍，对剧情已经非常熟悉。这个节目改编成广播剧播出后，1982年9月14日中央人民广播电台给他写信，征求他的意见。他听出广播剧中拿掉了评弹第三回中关于董琴琴拉关系占便宜，结婚讲排场的一段话，就约了编导在9月20日来家，请他们考虑把这段话加进去，说："把反面的东西揭露出来，可以起到和正面教育一样的作用。"

陈云晚年身体时好时坏，但他一直坚持听评弹。1995年4月，陈云去世了，他留下的最心爱的东西中，就有700盘评弹磁带、唱片和4台轮流使用过的老式放音机。

捐助“希望工程”

1994年，陈云从广播里听到中央机关组织工作人员为希望工程捐款，救助因贫困而失学的青少年的消息。陈云对因贫困而失学的痛苦有着亲身体验。小时候，因为家里穷，成绩优异的陈云只读完高小就辍学了。建国后，国家的教育事业发展很快，但有的地方仍有儿童因为贫困而失学，陈云说：“出现小学生辍学的事，太不应该了。”

4月8日，他委托工作人员给发起希望工程的中国青少年发展基金会送去了5000元捐款，请工作人员转告，将这笔钱用于捐助革命老区和贫困地区的失学儿童。

这笔钱后来落实到河南省卢氏县朱阳关乡的16名儿童身上。孩子们给陈云写信，感谢陈云爷爷，表示一定不辜负他的期望，努力学习，长大后好好建设祖国。陈云看到这封信后，对身边的工作人员说，我们是社会主义国家，绝不能让儿童失学，应该动员全社会力量来解决这个问题。

自律

请客送礼、送往迎来，人之常情。但把这一套用于公务，就有可能发展成不正之风。陈云对不正之风深恶痛绝，在这方面，他对自己要求十分严格。

他要求自己身边的工作人员："不收任何人送的礼品，外宾送的礼品都要上交。"他曾幽默地说："如果主席、总理给我送礼，我就收，因为他俩没有求我的事儿。"

有一次，他上外地视察工作。去那儿的时候就先打好了招呼，不让提高伙食标准。当地干部看到陈云身体很弱，视察的时候又是找人谈话，又是开会、参观，工作很忙，就商议着要送他两只老母鸡和一些蔬菜，让他带回家吃，补充些营养。

他们怕当面送礼陈云不收，就用了点心计，趁视察完了陈云乘火车回北京的时候，派人把礼物装在一个大柳条筐子里，躲过陈云随行人员的视线，偷偷从车厢的后门抬上了火车。等到火车已经开动了，当地派来送行的干部才把这事告诉陈云的秘书。

秘书知道首长的规矩，当即对他们说：首长一贯不收任何人的礼物，请他们下车的时候一定把东西带回去。

送行的干部很为难，他们一再解释，说这些礼物不是哪个人决定送的，是他们当地的几位领导共同定的，东西也不多。再说保证中央领导的身体健康，他们也有责任。这些礼物无论如何请收下。

秘书看到实在说服不了他们，只好去向陈云报告，并且说，既然他们已经把东西都送上车了，再要他们拿回去，面子上过不去，看是不是按市价付钱把东西买下来算了。

陈云听了以后，坚决地说：“不能开这个先例，有第一次，就会有第二次，以后就阻止不住了。还是请他们把东西带回去，要和他们说，他们的心意我领了，但东西我不能收。”

送行的干部听说陈云亲自发了话，不好再说什么。下车时，只好把礼物又捎回去了。

还有一次，北京军区的两位领导来到中南海陈云的住所，向他汇报军区在河北宣化组织的一次军事演习的情况，并带了两小盒宣化葡萄让他尝尝。陈云对汇报听得很认真，问得很详细，房间里充满着亲切融洽的气氛。但汇报完毕，客人起身告辞时，陈云却让他们把葡萄拎回去。

两位军区领导赶忙解释说，两盒葡萄值不了几块钱，也根本不是送礼的意思，只是让他尝尝而已。

陈云见他们说得诚恳，葡萄也的确不多，就幽默地说：那好，我看这么办。他舒展开两手的十指，对他们说：我吃十颗，一个指头一颗，这叫“十全十美”，剩下的你们带回去。

没办法，两人只好依着陈云的脾气，把葡萄又拎了回去。

陈云的规矩传开后，再有客人上门的时候，就都空着手来了。

布衣蔬食自甘心

陈云的生活非常俭朴。对自己，他简直可以说是很“抠门”了。

饮食上，他从来不搞铺张浪费。早餐是一碗豆浆，就着面包、奶油、果酱，中午和晚上吃饭不超过两个菜，中午是一荤一素，晚上是一个豆制品一个蔬菜，几十年如一日。家里面当然也想做些好点的菜，给他补养补养身体，可他总是说：这样已经很好了，没必要再多加菜了。1962 年，他查出患有肠胃病，只能吃些易于消化的食物，他开玩笑说：“过去革命战争年代想吃，没有东西吃，现在革命胜利了，有东西吃了，又不能吃，自己真是没有口福啊！”

有次他生病，食堂自作主张给他多做了一个菜，结果他不吃，非让端回去。打这以后，再没人敢随便给他加菜了。

还有一次，他到外地去，当地接待部门特地给他准备了一桌酒席。他一看，很不高兴，坚决要求他们撤掉。直到换上平日的一荤一素，他才上桌吃饭。

他有两套毛料中山装，一套是 1952 年去苏联访问时做的，一套是 1954 年去越南访问时做的。这两件衣服他只在接见外宾、会见民主人士以及参加一些公开会议和大型节庆活动时才穿上，一回到家又换上布衣布鞋。这两套衣服穿了 30 多年。虽然换着穿、省着穿，但因为时间长了，领子、袖口和裤子的膝盖部位还是快磨透了。就这样还是不买新的，只是让身边工作人员送到街上洗染店里给织补一次。

他自己用的东西，一个皮箱是延安时期的，用了几十年。一把刮胡刀，1935 年 9 月由上海秘密去苏联的时候买的，3 片刀片用了 10 年，刀架一直用到逝世。

他也有“大方”的时候。他的文选出版后得到稿费，秘书请示他如何处理，他说要全部缴党费。后来，他接受秘书的建议，把这些钱捐出来，一部分给了新成立的北方曲艺学校，一部分给了希望工程，救助贫困失学儿童。